Patricia Cammarata

SEHR GERNE, MAMA, DU ARSCH-BOMBE

Tiefenentspannt durch die Kinderjahre

BASTEI LÜBBE
TASCHENBUCH

BASTEI LÜBBE TASCHENBUCH
Band 60840

Dieser Titel ist auch als E-Book erschienen.

Originalausgabe

Copyright © 2015 by Bastei Lübbe AG, Köln
Illustrationen Innenteil: Johannes Kretzschmar, http://blog.beetlebum.de
Illustrationen S. 66, 67 und Fotos S. 212, 213: Patricia Cammarata
Lektorat: Tina Spiegel, Frankfurt
Titelillustration: © shutterstock.com/shockfactor.de
Umschlaggestaltung: FAVORITBUERO, München
Autorenfoto: © Eva Stolz
Satz: hanseatenSatz-bremen, Bremen
Gesetzt aus der Adobe Garamond Pro
Druck und Verarbeitung: GGP Media GmbH, Pößneck
Printed in Germany
ISBN 978-3-404-60840-9

3 5 4

Sie finden uns im Internet unter
www.luebbe.de
Bitte beachten Sie auch: www.lesejury.de

Ein verlagsneues Buch kostet in Deutschland und Österreich jeweils überall dasselbe.
Damit die kulturelle Vielfalt erhalten und für die Leser bezahlbar bleibt, gibt es die gesetzliche
Buchpreisbindung. Ob im Internet, in der Großbuchhandlung, beim lokalen Buchhändler, im Dorf
oder in der Großstadt – überall bekommen Sie Ihre verlagsneuen Bücher zum selben Preis.

Vorbemerkung: Wer ist wer?

Patricia
ist die Autorin, wurde 1975 geboren und lebt seit bald fünfzehn Jahren in Berlin. Sie arbeitet als IT-Projektleiterin, was sehr gut zu ihrem Psychologie-Diplom passt. Seit 2004 führt sie ein sogenanntes Blog. Das ist eine Internetseite mit chronologisch geordneten Einträgen. Viele sagen dazu auch »Online-Tagebuch«. Dort schreibt sie über alles, was sie bewegt. Seit einigen Jahren ist ihre Familie ein großes Thema.

Laut Lohnsteuerkarte ist Patricia die Mutter von 2,5 Kindern. Ein halbes Kind hat man, wenn der Ehemann ein eigenes Kind (Kind 1) mit in die Ehe bringt. Geheiratet hat Patricia erst nach der Geburt des ersten gemeinsamen Kindes (Kind 2). Deswegen ist im Text je nach Zeitpunkt mal vom Freund und mal vom Mann die Rede. Patricia möchte ein glückliches Leben führen. Deswegen vergisst sie alles, was anstrengend ist, oder schreibt Geschichten darüber, sodass wenigstens die Erinnerung an die Ereignisse lustig ist. Patricia hat sich in ihrem Leben ohne Kinder oft gelangweilt. Das ist jetzt zum Glück vorbei.

Kind 1
kam im Kindergartenalter in die Familie und war sozusagen der Grundstein für alle weiteren Familienmitglieder. Kind 1 war (ist!) so bezaubernd, dass man nicht anders konnte, als mehr Kinder zu wollen. In der Zwischenzeit ist es das, was man als präpuber-

tär bezeichnen würde. Kind 1 hat eine Gelassenheit, die ihresgleichen sucht. Für andere Kinder ist Kind 1 ein Magnet. Wenn es irgendwo auftaucht, dauert es nicht lange, und mindestens sechs andere Kinder kleben an ihm. Im Kindergartenalter war Kind 1 das, was man als willensstark bezeichnen würde. Es verbrachte eine nicht unbeträchtliche Zeit bäuchlings auf Berliner Böden. Kind 1 hat eine großartige Fantasie, und im internetfähigen Alter angekommen, wird es bestimmt bald einen YouTube-Kanal eröffnen und dort amüsante Geschichten über Erwachsene zum Besten geben.

Kind 2
ist jetzt im Schulalter. Schon mit wenigen Monaten beherrschte es mehrere Dutzend Babyzeichen, mit denen es kommunizieren konnte. Mit etwas über zwei Jahren konnte es bereits Sätze sagen, die jeden Erwachsenen erschaudern ließen. Kind 2 ist ein extrem geordnetes Kind. Fast könnte man meinen, es sei ein Computer. Schon im Kindergarten kannte es alle Termine und musste die Eltern nicht selten um deren Beachtung bitten. Kind 2 hat aber nicht nur ein phänomenales Gedächtnis und einen großen Drang, alles allein zu machen. Wenn etwas nicht klappt, atmet es leise durch die Nase aus. Das ist, was man bei Kind 2 unter »Ausflippen« subsumieren kann. Der Humor von Kind 2 ist so trocken, dass Erwachsenen regelmäßig das Gesicht entgleist und sie erst lachen können, wenn es sagt: Ich habe einen Witz gemacht.

Kind 3
ist aktuell im Kindergartenalter. Kind 3 war lange schweigsam. Als es mit dem Sprechen anfing, hörte sich das Kölsch an. Warum, weiß niemand so genau. Kind 3 weiß zu allen Tages- und Nachtzeiten viel zu berichten. Es ist ein faszinierender Energie-

umwandlungsgenerator. Es saugt Energie aus seiner Umgebung und gibt diese in Schalldruck wieder ab. Wenn es läuft, erinnert es an Jack Sparrow, den einige vielleicht aus dem Hollywoodfilm *Fluch der Karibik* kennen. Es wankt und schwankt, fuchtelt und zappelt. Kind 3 hat von allem viel. Viel Humor, viel Liebe und genauso viel Wut und Verzweiflung, wenn sich die Dinge nicht so darstellen, wie es sich das selbst vorher ausgedacht hat.

Inhaltsverzeichnis

Vorbemerkung: Wer ist wer? *5*

Familienalltag ist ein bisschen anders, als man denkt *13*
   Schau mir in die gelben Augen, Kleines *13*
   Der große Teigrausch *15*
   Das Kinderspielzeug des Grauens *17*
   Familiäre Wochenendbeschäftigungen *20*
   Meistens ist man gar nicht so ein gutes Vorbild, wie man denkt *22*
   Viel Badezimmer, wenig Privatsphäre *26*
   Kindererziehung – eine griechische Tragödie mit Chorbegleitung *28*

Mit Kindern lernt man, sich bei 120 dB zu entspannen *31*
   Wellnessoase Wäschekorb *31*
   Ich ziehe keine Socke an! Nein! Nein, meine Socke ziehe ich nicht an! *34*
   Einkaufsspaß mit Kind *37*
   Fragen fragen *39*
   Gute Vorsätze *43*
   Kinderbücher für Eltern *46*
   Saufen, saufen, oder ich fall um *47*

Raupenkacke *49*
Über die Nebenwirkungen von Eismangel *52*
Trotz-Yoga *54*

Manche Menschen finden mich komisch *57*
Familientrendsportart Clogging *57*
Mentalhygienische Infantilitätsfantasien *60*
Lass keine Fremden in deine Wohnung *62*
U8 *64*
Der rote Ballon *68*
Wege in die Jugendkriminalität *70*
Ein Geschenk, ein Geschenk *73*
Vier Quadratmeter Bett *76*

Wenn man Kinder hat, fällt (fast) alle Peinlichkeit der Vergangenheit von einem ab *79*
Mein erstes Kindergartenfest *79*
Arschbombe *81*
Aua! Aua! *84*
Mama Leaks *87*
Ein unschuldiger Stinker *90*
Die Sache mit der Worscht *93*
Pipieinfach *95*
Mittagskind *98*

Kindererziehung ist sehr einfach – also theoretisch *103*
Wiederholung automatisch oder das eChild *103*
Elternstreik *105*
Die Mutter ohne Herz *109*
Ist das Kunst, oder kann das weg? *113*
Experiment Aufwachteller *116*

Levelboss Baby LeChuck *119*
Tattoo Kid *121*
Löschung in der Kindererziehung, ein Anwendungsfall *124*

Elternleiden: Dass Säuglinge viel schreien, okay – aber DAVOR hat uns niemand gewarnt *129*

Welches Schweinderl wären S' denn gern? *129*
Von Frühlingspflanzen und kindlichem Forschungsdrang *133*
Däumelinchen, looped *136*
Anders anziehen *139*
Nackte Nudeln *142*
Endlose Spielenachmittage *145*
Ohrwürmer *148*
R.I.P. Rosi *152*
Möbel in Frischhaltefolie *156*
Nuparu *159*
Schienbeinschmerzen aus der Hölle *161*

Schon Sartre wusste: Die Hölle, das sind die anderen (Eltern) *165*

Warme Gedanken zum Elternabend *165*
Anderer Leute Erziehungsmethoden sind unantastbar *168*
Willkommen in der Bastelmuttihölle *170*
Boah! Bist du streng *175*
Selbermachen *178*
Tayloristische Laternenproduktionsstätten *181*

Von und mit Babys kann man sehr viel lernen *183*
    Ferengiartiges Verhalten *183*
    Experte für alles Verbotene *185*
    ZZZzzzzz zzzzzz zzzzzz! *189*
    Papilla-mammaria-Phobie *192*
    PEKiP right from hell *194*
    Urzeitliches Geflügel *197*
    Klingonische Babybespaßung *199*
    Dönerbaby oder das Einmalklamott *203*

Das Kind ist eingeschult oder Zeit des Verschwindens *207*
    Kinderverhör *207*
    Die Schulbrotchroniken *210*
    Wolfgang Petry und ich *214*
    Ich habe fertig *218*
    Erziehen heißt dranbleiben *220*
    Großwerden *224*
    Schulkinder und schwarze Löcher *226*
    Survival of the Fittest *228*

Kindermund *231*

Dank *237*

Familienalltag ist ein bisschen anders, als man denkt

Schau mir in die gelben Augen, Kleines

Die menschliche Blase kann je nach Körpergröße zwischen 600 und 1500 ml Flüssigkeit halten, bevor ein starkes Bedürfnis entsteht, sie zu leeren. Sollte man diesem Drang nicht nachgeben, riskiert man einen Riss der Harnblase. Jeden Morgen, wenn ich aufwache, muss ich an Tycho Brahe denken. Tycho Brahe war ein dänischer Adeliger und einer der bedeutendsten Astronomen seiner Zeit. Am 13. Oktober 1601 war er zu Gast bei Kaiser Rudolf II. Die Etikette verlangte, dass man sitzen bliebe, solange der Kaiser sitzen bleibt. Rudolf II. war 23 cm größer als Tycho Brahe. Seine Harnblase konnte deswegen vermutlich 230 ml mehr Urin fassen. Brahe fügte sich den Konventionen, stand trotz starken Harndrangs nicht auf und erlitt einen Blasenriss. Er verstarb zehn Tage später unter großen Schmerzen, weil sich der Riss entzündet hatte, an einer Blutvergiftung.

Ich denke jeden Tag an Tycho Brahe, weil ich jeden Tag wie ein kleines Uhrwerk um Punkt 5.20 Uhr erwache und meine Blase wie bei Frau Holle ruft: »Leere mich! Leere mich! Ich bin schon voll!« Na und?, könnte man jetzt denken, dann geh doch auf Toilette. Doch leider liegt um diese Zeit mindestens eines unserer Kinder bei uns quer im ehelichen Bett. Und dieses Kind hat, wie alle anderen Kinder dieser Welt auch, ein ausgeklügeltes Bewegungsmeldungssystem. Dazu steckt es die Füße unter den Nacken des Vaters und legt seinen Kopf auf meinen Kopf. Sobald ich mich auch nur einen Millimeter bewege, setzt es sich aufrecht ins Bett und fragt hellwach: »Ist jetzt Aufstehenszeit?« Zumindest am Wochenende möchte ich aber nicht um 5.20 Uhr aufstehen und Frühstück machen. Deswegen habe ich eine Technik entwickelt, die Bettdecke mit den Füßen so zu falten, dass sie ungefähr den Ausmaßen meines Körpers entspricht. Ich schiebe sie ganz

langsam Zentimeter um Zentimeter Richtung Kopf. Dann tausche ich Kopf gegen Deckenknödel aus und ziehe meinen Restleib langsam Richtung Bettende weg. Ich fließe dabei über die Bettkante wie diese zerfließenden Uhren auf Salvador Dalís Bild *Die Beständigkeit der Erinnerung*. In acht von zehn Fällen bin ich erfolgreich. Doch das Kind im Bett ist nur die erste Hürde. Zwischen Bett und Toilette liegt leider das Kinderzimmer, wo weitere geräuschempfindliche Kinder schlummern. Wir haben dort Holzboden, und genau vor dem Kinderbett ist eine Diele locker, die knarzt, wenn man auf sie tritt. Man könnte die Stelle mit einem großen Sprung überwinden. Allerdings ist das Springen weder den Nachbarn zuzumuten, noch könnte ich so leise aufkommen, dass das Kind im Zimmer nicht erwacht. Also lege ich mich auf den Bauch und ziehe mich mit den Armen leise am Kinderbett vorbei. Lediglich das Überwinden der Türschwelle vom Kinderzimmer zum Flur ist etwas schmerzhaft (vor allem mit prall gefüllter Blase). Wenn alles gut läuft, erreiche ich um 5.40 Uhr das Badezimmer. Ich schließe leise die Tür, versuche sehr leise und langsam meine Blase zu entleeren und spüle. Wenn ich mich dann umdrehe, um mir die Hände zu waschen, stolpere ich meist über zwei Kinder, die in der Zwischenzeit doch aufgestanden und mir lautlos in die sanitären Anlagen gefolgt sind. Die Uhr zeigt 5.50 Uhr. Alle Hoffnung auszuschlafen ist zerbrochen.

Alternativ kann ich natürlich mit gefüllter Blase im Bett liegen bleiben und weiter an Tycho Brahe denken. Spätestens um 5.56 Uhr ist meine Angst vor einer Blasenruptur aber so groß, dass ich doch aufstehe.

So oder so. Spätestens 6 Uhr sind alle wach.

Der große Teigrausch

Kind 3 ist noch im Kindergarten, und trotzdem hatte es neulich bereits seinen ersten Rausch.

Im Auftrag von Kind 2 haben wir Kuchen gebacken. Nicht so was Gesundes, lautete die Anweisung. In der Schule gab es nämlich nur gesunde Kuchen. Das wurde mal auf einem Elternabend beschlossen, und ob das den Kindern nun gefiel oder nicht – die Kuchen für die Schule enthielten jetzt weder Zucker noch Butter noch Weizenmehl noch Eier oder irgendwas anderes, was den Kuchen irgendwie schmackhaft machen könnte. Also haben wir jetzt ein Kuchenrezept mit ordentlich Zucker rausgesucht. Kind 2 ist ziemlich streng, und ich hatte keine Lust, ausgeschimpft zu werden.

Kind 3 hat beim Backen fleißig unterstützt. Butter zermatscht. Reichlich Zucker eingearbeitet. Mehl aus zwei Meter Entfernung dazugeworfen. Kleine Kinder machen das alle auf dieselbe Art und Weise. Auf einen Stuhl stellen und ein Kilo Mehl mit ausgestrecktem Arm von ganz oben in einem Schwall in die Schüssel schütten. Dann die Eier, die es teilweise sogar aufgeschlagen hat. Noch das Backpulver mit einem großen »Hatschi« zerstäuben, und schon ist der Kuchenteig fast fertig.

Bereits vom ersten Arbeitsschritt an fragte Kind 3, ob es nicht probieren könne. Kind 3 kennt da nichts. Es leckt auch gerne Butter einfach so von den Fingern ab. Als Mutter, die Wert auf Erziehung legt, habe ich das Ablecken allerdings erst erlaubt, als der Teig fertig angerührt und in die Kuchenform gefüllt war. Erst dann durfte Kind 3 die Teigreste schlecken.

Als das Einverständnis einmal erteilt war, leckte und leckte es, als ginge es um sein Leben. Erst die Rührhaken, dann die Schüssel und ganz am Ende sogar die Arbeitsplatte, auf die einige Teigreste getropft waren.

Ich verließ kurz die Küche, um mit dem größeren Kind Hausaufgaben zu machen, und war doch sehr erstaunt, als ich in den blitzblank geschleckten Raum zurückkam. Im Grunde war es wirklich nicht mehr nötig, sauberzumachen. Ich erwischte mich beim Betrachten der perfekt abgeleckten Küche bei dem Gedanken, zukünftig benutzte Kochtöpfe (die ich besonders ungern von Hand spüle) sowie das gesamte Geschirr mit Teigresten zu beschmieren und die Spülmaschine abzuschaffen. Das lästige Ein- und Ausräumen wäre damit unnötig. Man könnte einfach alles stehen lassen und, nachdem Kind 3 wieder alles sauber geleckt hätte, erneut benutzen.

Kind 3 war nach der Teigvernichtungsaktion zunächst etwas zittrig. Es tanzte und sang laut durch die Wohnung, drehte sich wie ein Brummkreisel, sprang ein paar Mal vom Hochbett und verkündete dann lauthals Wurstbrothunger.

Ich schmierte einige Stullen für die ganze Familie, und wir machten Abendbrot. Kind 3 biss genau einmal vom Brot ab, um dann erschöpft auf den Teller zu sinken. Man könnte fast behaupten, es klappte regelrecht zusammen. Es stöhnte: »Isch kann nisch mehr. Isch glaub, isch muss misch breschen.« Es röchelte schwach und schleppte sich dann ins Bett. Wenige Sekunden später war es eingeschlafen. Es schlief bis zum nächsten Morgen um 7 Uhr.

Als es gut gelaunt am Frühstückstisch erschien und ich darauf hinwies, dass es jetzt gerne ein Stück Kuchen nehmen könne, winkte es nur müde ab: »Für misch kein Kuchen, Mama.«

Das Kinderspielzeug des Grauens
Ein Teil meiner Familie kommt aus Italien. Italiener sind sehr kinderfreundlich, und ich war selbst etwas verwundert zu sehen, wie aus meinem ehemals strengen Papa der weichherzigste Opa der Welt wurde. Mein Vater ist in Italien aufgewachsen und dort entsprechend sozialisiert.

Während man in Deutschland gerne ökologisch korrektes Holzspielzeug verschenkt, gilt in Italien die Devise: greller, lauter, bunter! Ich kann mich nicht erinnern, dass ich in einem Kinderzimmer meiner Verwandten jemals auch nur ein Spielzeug gesehen hätte, das sich nicht irgendwie bewegt, leuchtet oder dudelt. Die italienische Wirtschaft muss im Wesentlichen von dem Verkauf von Batterien getragen sein.

Wenn man liest, man habe Gefangene mit Popsongs von Britney Spears und Metallica gefoltert, dann ist es leicht vorstellbar, dass ursprünglich italienisches Spielzeug eingesetzt wurde, man sich aber dann entschied, dass die dauerhafte Verwendung doch zu grausam sei.

Jedenfalls war kürzlich unsere italienische Verwandtschaft zu Besuch, und es dauerte keine zehn Minuten, bis all unsere Kinder mit einem leuchtenden, blinkenden und melodienleiernden Spielzeug ausgestattet waren.

Die älteren Kinder hatten singende Plastikhandys und einen Kindercomputer mit zahlreichen LEDs bekommen. Das Baby der Familie bekam ein DING. Ich weiß ehrlich gesagt nicht mal, was das eigentlich ist, dieses DING. Es ist komplementärfarben gemustert, und wenn ich länger draufschaue, formen sich 3-D-Bilder vor meinen Augen – ganz ähnlich wie diese 3-D-Bilderbücher, die in den frühen Neunzigern mal so beliebt waren. Das DING hat zwei Achsen und vier Räder und an der höchsten Stelle – es könnte eine Art Käfer auf Rollen sein – eine Blink-Armada. Es macht Geräusche und spielt sehr eingängige Melodien und Lieder, die schon sechs Monate alte Babys problemlos nachahmen können. Die sprechfähigen und schulpflichtigen Kinder können die italienischen Texte auch mitsingen, und so kann man sich als Eltern am Ende sogar noch einen pädagogischen Nutzen von diesen Spielzeugen einreden.

Der Besuch ging, das DING blieb. Es dudelt und rollt fröhlich durch die Wohnung. Wenn die Kinder da sind, verhält es sich ganz normal. Aber wenn die Kinder in Kindergarten und Schule sind, macht es seltsame Dinge, und ich gebe zu, es gruselt mich ein bisschen. Denn kaum sind die Kinder außer Haus, stellt es seinen Ton ab, versteckt sich hinter dem Wäschekorb oder in der Spülmaschine und fährt dann unerwartet aus seinem Versteck hervor und versetzt mich so in Angst und Schrecken.

Einmal saß es sogar in der Kloschüssel und griff beim morgendlichen Toilettengang jäh an, als ich den Klodeckel hochklappte.

Sobald die Kinder dann wieder da sind, fährt und tutet es wieder wie von Geisterhand gesteuert durch die Wohnung. Die Kinder können gar nicht anders und laufen fröhlich singend hinterher. Der Melodienzug fährt durch den Flur, durchs Wohnzimmer und zurück ins Bad, und die Kinder klatschen dazu im Takt. Ich dachte, wenn die Batterien erst mal leer sind und das DING keine Töne mehr von sich gibt, würde es auch seine Anziehungskraft auf die Kinder verlieren. Ich wartete Wochen und Monate, aber die Batterien verloren nicht an Kraft, sodass ich das DING genauestens untersuchte, ob irgendwas Besonderes an ihm war – ein Solarpanel oder eine sonstige Energiequelle, die man auf den ersten Blick nicht sieht. Doch trotz akribischer Suche wurde ich nicht fündig. Gerade als ich mich entschlossen hatte, das DING einfach heimlich zu entsorgen, hatte ich in der darauffolgenden Nacht einen seltsamen Traum:

Ich laufe durch nächtliche, menschenleere Straßen, als ich plötzlich die mir bekannte Melodie des Spielzeugs aus der Ferne höre. Im fahlen Licht der Laternen erblicke ich ein grell blinkendes Gefährt, das langsam dudelnd durch Berlin fährt. Ich denke an den Rattenfänger von Hameln, als ich sehe, wie die 7976 Kinder unseres Bezirks dem kleinen Blinkdings wie hypnotisiert folgen, leise die Tonfolge murmelnd. Ich will aufschreien, kann aber nicht. Plötzlich stehe ich vor unserem Haus, als sich die Eingangstür öffnet und unser Baby langsam Richtung Kinderschar krabbelt. Ich will zu dem Baby laufen, komme aber nicht von der Stelle. Meine Stimme ist ebenfalls weg, ich kann das Baby nicht zurückhalten. Dann wache ich mit einem stummen Schrei im Hals auf. Die Sonne ist bereits aufgegangen, und ich gehe als Erstes in das Kinderzimmer. Die Kinder sind Gott sei Dank noch da und spielen wieder mit hölzern klingenden Bauklötzchen. Das Spielzeug ist jedoch auf wundersame Weise verschwunden.

Familiäre Wochenendbeschäftigungen

Wer seine schicke Designerwohnung in eine Messi-Bude verwandeln möchte, sollte entweder trinkfreudige Studenten beherbergen oder sich ein paar Kinder anschaffen.

Allein schon die Anzahl der Dinge, auf die man täglich tritt und die man sich anschließend aus den Zehenzwischenräumen pult, ist enorm. Es ist daher dringend notwendig, dreißig Prozent des Haushaltes in Halbjahreszyklen zu versteigern oder auf Flohmärkten feilzubieten.

Versteigern erschien mir aufwändig. Jedes einzelne Stück inszenieren, fotografieren, wortreich beschreiben. Das dauert im Schnitt jeweils zwanzig Minuten. Und das ist noch nicht das Schlimmste. Kaum hat man die Artikel eingestellt, trudeln die Bieterfragen ein. Wie viele Zentimeter misst der Body vom Kragen zum Schritt? Wie viele Knöpfe hat die Winterjacke? Von welcher Marke sind die feilgebotenen Schuhe? Wie oft wurde die Hose getragen? Man ist weitere Stunden damit beschäftigt, die Fragen zu beantworten. Danach wird alles einzeln verpackt, adressiert, frankiert und schließlich zur Post getragen. Wer jetzt glaubt, es ist geschafft, der hat sich noch nie an großen Auktionshäusern ausprobiert. Das Allerschlimmste ist nämlich das Ende: die Bewertungen. »Wucher! 10 Cent zu viel Porto gezahlt!«, »Schrecklich verpackt! So hat der Kauf gar keinen Spaß gemacht!« und »Ich habe 3 – in Worten DREI Tage – auf meinen ersteigerten Artikel gewartet. Bin sehr enttäuscht.«

Rechnet man die Arbeitszeit gegen den Ertrag, wäre es sinnvoller, die Sachen einfach, wie in Berlin durchaus üblich, in einer Kiste mit der Aufschrift »zu verschenken« auf die Straße zu stellen.

Da ich aber geizig bin, entschied ich mich dieses Jahr für den Flohmarkt.

Ich gehe nichts ungeplant an. Das sollte langsam bekannt sein. Ich habe mir im Vorfeld also zehn Flohmärkte angesehen und die Aussteller zu ihren Gewinnen befragt. Dazu habe ich die verschiedenen Verkaufsparameter systematisch erfasst und ausgewertet. Die Parameter, die am höchsten mit der Variable »Gewinn« korrelierten, habe ich optimiert und daraus eine Liste mit Dos und Don'ts generiert.

Deswegen hatte ich den strategisch besten Platz auf dem Flohmarkt, alle meine Sachen waren gebügelt und gestärkt, nach Größen und Themen sortiert und auf Ständern, Bügeln und in kleinen Stapeln ansprechend auf einer gemangelten Tischdecke platziert. Ich hatte Preisschilder befestigt, und über meinem Kopf hing ein Schild, welches meine Verhandlungsbereitschaft signalisierte.

Ich selbst hatte geduscht, meine Haare waren gekämmt, und ich verzog sogar die Mundwinkel nach oben.

Alles war perfekt.

Leider kamen dann die ersten Interessenten. Diese begannen in Sekundenschnelle militärisch exakt gefaltete Kleidungsstücke zu verknüseln und unsystematisch Gegenstände aufzunehmen, um sie an völlig unpassenden Stellen wieder abzulegen.

Andere nahmen feilgebotene Artikel in ihre bakterienbehafteten Hände und führten sie so nahe vor ihre Augen, dass sicherlich Abermillionen von Keimen direkt aus ihren Augen auf die Verkaufsstücke fielen oder ihr schlechter Atem sich an sie heftete.

Manche wagten es sogar, einzelne Gegenstände zu beschnuppern! Mit solchen obszönen Vorgehensweisen hatte ich nicht gerechnet und fiel fast in Ohnmacht.

Die Kinder hatte ich zum Beginn der Aufbauphase an Stühle hinter unserer Verkaufsfläche gebunden, weil sie sich nicht artig verhalten wollten. Die verzweifelten Blicke und schrillen Hilferufe wirkten sich jedoch nur mäßig verkaufsfördernd aus, und so entschied ich, den Kindesvater mit ihnen loszuschicken, sodass er sie beschäftigen möge.

Dreißig Minuten später hatte ich bereits die Hälfte unserer Waren verkauft und freute mich darauf, der Restfamilie von unseren Erfolgen zu berichten, während ich auf einen Haufen Kinderspielzeug blickte, der sich langsam wankend auf mich zu bewegte.

Als der Tandberg schließlich an unserem Stand stoppte und oben erst die Kinder und dann der Mann herauspoppten, ahnte ich, dass die Arbeitsanweisung »Geh und beschäftige bitte die Kinder« unpräzise formuliert war.

Es stellte sich heraus, dass der weichherzige Vater den Kindern genau den erwirtschafteten Betrag zum Erwerb von Losen überlassen hatte.

Gustav-Gans-gleich hatten sie bis auf den Hauptpreis alle Gewinne aus dem Loszettelkasten gefischt.

Da auch mir am Stand nebenan und gegenüber bereits interessante Gegenstände aufgefallen waren, lösten wir unsere Verkaufsstelle vorsichtshalber auf. Wir hatten die Anzahl unserer Artikel im Vergleich zum Flohmarktstart verdoppelt und fuhren etwas verwirrt nach Hause. Ab jetzt machen wir es also wie alle vernünftigen Berliner und nutzen die Kiste.

Meistens ist man gar nicht so ein gutes Vorbild, wie man denkt

Dass man als Erwachsene den Kindern ein Vorbild ist, merkt man vor allem dann, wenn man Erwachsene und Kind mit vertauschten Rollen spielt: das Lieblingsspiel von Kind 1 im Kindergartenalter. Es wollte zum Beispiel sehr gerne auf dem Weg vom

Kindergarten nach Hause Mama und Kind spielen. Das Kind war Mama, und ich musste das Kind sein. Dafür erhalte ich genaue Verhaltensanweisungen: »Du musst jetzt lamsam hinter mir herlaufen und dabei heulen!«

Ich trippel folglich jaulend und schniefend hinter dem Kind her, das in großen Schritten vorausgeht und dabei Dinge ruft, wie: »Komm jetzt endlich! Ich werde lamsam ungeduldig, oder muss ich erst die nervige Stimme machen?«

Spätestens da wird einem diese Vorbildsache schmerzlich bewusst, und ich fühle mich ein wenig peinlich berührt. Wenn ich all die Garstigkeiten nicht mehr aushalten kann, unterbreche ich das Kind: »Aber ich bin doch nicht immer so?!« Es schaut mich dann schweigend und ein bisschen mitleidig an und sagt streng: »Reiß dich zusammen, wir müssen noch einkaufen gehen!« Wenigstens bekomme ich am Ende unserer Ausflüge, wenn ich im Einkaufszentrum lieb war, eine halbe Bratwurst.

Zum Vorbildsein gehört auch Disziplin und Selbstkontrolle. Viele Dinge, die ich mit Vorliebe mache, darf ich nicht machen, wenn das Kind da ist. Dazu gehören:

a) mehr als zehn Stunden vor dem Computer sitzen,
b) mich von Pizza, Eis und Schokolade ernähren,
c) nicht rausgehen wollen
und
d) alle Klamotten sowie das gebrauchte Geschirr rumliegen und -stehen lassen.

Das ist eine echte Herausforderung. Und so richtig klar war mir das nicht, bevor ich Kinder bekommen habe.

Das Schlimme ist, das Kind kommt einem immer wieder auf die Schliche. Wir haben dem Kind, um endlose Diskussionen zu vermeiden, beispielsweise verschwiegen, dass wir mittlerweile Internet haben. Ich habe also immer ein Worddokument offen, wenn ich surfe, und wenn das Kind kommt, tippe ich da Buchstaben rein.

Einmal aber schlich es sich von hinten an, und ich konnte nicht rechtzeitig umstellen. Es schaute mich sehr ernst an und sagte: »Aha! Ihr habt also doch Internet.« Ich schüttelte den Kopf, blickte dabei aber zu Boden. Es hieß mich, ihm das Worddokument zu zeigen. Da standen nur sinnlos aneinandergereihte Buchstaben. Es las vom Bildschirm »R F T T S T? Rfftst?«, schaute mich an, schüttelte den Kopf und ging wortlos aus dem Zimmer. Ich habe mich hinterher sehr geschämt.

Ein anderes Mal habe ich in unserer Speisekammer heimlich Schokolade gegessen. (Ich muss täglich mindestens 200 Gramm Schokolade zu mir nehmen, sonst sterbe ich. Ich esse sie aber heimlich, weil das Kind das nicht sehen soll.)

Genau fünfzehn Minuten nachdem ich aus der Vorratskammer gekommen war, las ich dem Kind ein Märchen vor, als es sich über meine Beine zu meinem Gesicht lehnte, an meinem

Gesicht schnüffelte und sagte: »AHA! Du hast schon wieder Schokolade gegessen.«

Apropos Kind und Erwachsenenleiden. Wenn man Kinder hat, merkt man schnell, dass Selbsthilfegruppen zu diversen Themen helfen könnten. Ich habe unter anderem mal über eine Hörspielsucht-Selbsthilfegruppe nachgedacht. Eine andere, dringend notwendige Austauschmöglichkeit mit anderen Erwachsenen würde ich gerne zum Thema Brunnengucken schaffen. Es ist mir psychologisch völlig unklar, aber Kinder lieben Brunnen.

Und zwar Brunnen aller Art, vom leise plätschernden Zimmerbrunnen über den Gartenzierbrunnen bis hin zum ausgewachsenen Freiluft- oder Einkaufscenterbrunnen.

Immer – wirklich IMMER wenn wir beispielsweise im Einkaufscenter sind, müssen wir bei dem stinkenden, hässlichen Brunnen im Eingangsbereich stoppen und ihn bestaunen. Meistens mit Hinsetzen. Dort schaue ich dann jedes Mal in eine Runde verzweifelter Erwachsener, die ebenfalls Begeisterung für diese wasserzirkulierenden Pissoirs vorgaukeln müssen. Das ist so langweilig! Grauenhaft!

Wenn die Brunnen unterschiedliche Möglichkeiten haben, das Wasser rhythmisch zu verspritzen, muss man noch zusätzlich Fragen beantworten.

»Warum spritzt das Wasser nach oooben?«

»Warum macht das Wasser Booogen?«

»Warum gibt es eine Pumpe?«

»Warum ist jetzt in der Mitte Wasser, aber am Rand nihich?«

»Wie funktioniert eine Pumpe?«

Weil die Fragen sich wiederholen, habe ich sie bereits im Internet recherchiert und differenzierte Antworten parat. Doch wenn man dann antwortet, hören sie seltsamerweise gar nicht hin: »Es gibt verschiedene Arten von Pumpen. Membranpumpen arbeiten ähnlich wie Kolbenpumpen, nur dass statt des Kolbens eine Gummimembran hin- und herbewegt wird und somit ein Volumen alternierend größer und kleiner wird. Die Membran wird üblicherweise mit einem Exzenter bewegt, der wiederum auf einer Motorwelle sitzt. Das trifft aber nicht bei kleinen Brunnen zu. Da kommen eher Kreiselpumpen zum Einsatz. Schwingkolbenpumpen werden aufgrund des Krachs, den sie machen, eher selten für Brunnen eingesetzt.«

Das Kind geht dann wortlos einige Schritte in Richtung Brunnen, lächelt einem anderen Kind zu, und beide halten ihre Hände ins Wasser. Kind 2 ist auch schon mal komplett baden gegangen. Ich weiß nicht, wie das passieren konnte, ich hatte wirklich nur ganz kurz auf mein Handy geschaut, weil ich der Frage nachgegangen war, welche Arten von halbautomatischen Fensterputzrobotern zur Reinigung von Glasfassaden in Einkaufszentren in Deutschland derzeit eingesetzt werden. An dem Tag gab es keinen Nachtisch für mich, schließlich schaue man als angemessenes Vorbild nicht ständig auf sein Handy.

Viel Badezimmer, wenig Privatsphäre

Wer unsere Wohnung gebaut hat, der muss Sinn für Humor gehabt haben und kinderlos gewesen sein. Während unsere Küche winzig ist und man kaum zu fünft reinpasst – geschweige denn dort gemütlich essen kann, ist unser Bad fast so groß wie das Wohnzimmer. Okay, das ist *etwas* übertrieben – aber es ist wirklich riesig. Beim Einzug, als alles noch leer stand, hallte es nicht nur, es gab sogar ein Echo.

Gerne würde ich jetzt darüber schreiben, wie toll so ein geräumiges Badezimmer ist. Kann ich aber nicht. Denn es gibt einen grundlegenden Konstruktionsfehler für Familien mit Kindern: Im Badezimmer ist auch die Toilette. Im Grunde ist damit das Restbad mit Waschmaschine, Badewanne und Waschbecken nicht zu benutzen. Außer vielleicht zwischen Mitternacht und 5 Uhr morgens. Aber wer will da schon baden?

Denn die Toilette nicht gesondert zu haben bedeutet, NIE alleine im Badezimmer sein zu können. Das Baderitual für Erwachsene sieht in unserer Familie wie folgt aus: Wenn einer von beiden baden möchte, dann ruft er: »Muss jemand auf Toilette? Ich gehe jetzt baden!«

Die Kinder antworten darauf im Chor: »Neeeeein!«

Man geht also ins Bad, macht die Heizung an, und wenn die Luft mollige 24 Grad erreicht hat und das Wasser eingelassen ist, rüttelt eines der Kinder verzweifelt an der Türklinke: »ICH MUSS MAL!!! ES IST DRINGEND! MAAAAMIIII!«

Die Tür wird aufgerissen, das Kind geht auf Toilette, es muss gelüftet werden, die Zimmertemperatur sinkt auf 18 Grad, und das Wasser kann auch nicht mehr als wohltemperiert bezeichnet werden.

Dieser Vorgang wiederholt sich je nach Anzahl der Kinder.

Ich habe schon überlegt, ob man vielleicht nur so tun sollte, als ob man baden wolle. Offensichtlich regt das den Stoffwechsel an, und wenn dann alle Kinder auf Toilette waren, geht man vielleicht wirklich baden.

Leider vergesse ich diesen Plan jedes Mal. Ich bade deswegen immer, wie wahrscheinlich Menschen in Island baden. Bei angenehmen vierzehn Grad Wassertemperatur. Dabei schaue ich auf die Goldfische, die von unserer Decke hängen und in der Zugluft beruhigend hin und her schwanken, während ich mich freue, dass unsere Kinder noch nicht vollständig im Teenageralter angekommen sind. Denn dann stehen plötzlich die Erwachsenen an der Tür und jammern, weil sie dringend mal auf Toilette müssen, so stelle ich mir das jedenfalls vor.

Ich weiß nicht, wie viele Jahre ich das noch aushalte. Vielleicht sollten wir einfach einen Kredit aufnehmen und die Wohnung komplett umbauen. Sie hat ja ohnehin einige Konstruktionsfehler. Die anderen Räume benötigt man doch im Grunde auch gar nicht. Kinderzimmer und Schlafzimmer getrennt zu haben? Das ist unnötig. Die Kinder wollen ohnehin im Elternbett schlafen. Überhaupt wollen Kinder IMMER da sein, wo die Erwachsenen sind, und nicht da, wo Platz ist. Es reicht also ein großer Wohn-Schlaf-Ess-Kinderraum und dann eben pro Person ein Badezimmer. Das wäre viel sinnvoller als umgekehrt.

Kindererziehung – eine griechische Tragödie mit Chorbegleitung

Der Vorhang hebt sich. Ein weiß gekacheltes Badezimmer ist zu sehen. Ein Kind turnt auf einem grünen Hocker. In der einen Hand hält es eine Zahnbürste, in der anderen eine Tube Zahnpasta. Der Deckel ist bereits entfernt, die Zahnpasta quillt über den Tubenrand, mehrere Zahnpastaschlangen zieren das Waschbecken. Ein weiteres Kind liegt auf den weißen Kacheln und macht Schneeengel in die Wäscheberge. Das dritte Kind steht wankend am Badewannenrand.

Die Mutter betritt entschlossenen Schrittes die Szenerie und spricht zum hockerkletternden Kind: »Putz jetzt bitte die Zähne!«

Im Hintergrund zwei weitere Kinder: »Die Zähne sollst du jetzt putzen!«

Irritiert dreht sich die Mutter zu den anderen beiden Kindern im Schlafanzug: »Ihr sollt auch Zähne putzen!«

»Zääähne putzen, Zääähne!«, ruft das erste Kind vom Waschbecken. Es wedelt wild mit der Zahnbürste und dreht dabei den Wasserhahn auf maximaler Stufe auf. Fünfzig Liter Wasser pro Sekunde stürzen in das Waschbecken und ergießen sich sprudelnd in einer Fontäne.

»Vorsicht! Dreh den Hahn nicht zu weit auf!« (Die Mutter, mahnend.)

»Pass auf! Pass auf! Das Wasser! Es spritzt!« (Die zwei Geschwisterkinder aus der anderen Zimmerecke.)

So ist das bei uns zuhause. Ich kann nichts sagen, ohne dass es ein Kinderecho gibt. Nach all meinen Vorerfahrungen versuche ich mich nur noch selten zu wehren und zu protestieren: »Ich bin die Erziehungsberechtigte! Ihr müsst nicht alles wiederholen, was ich sage!«

Kind 1: »Was ich sage!«

Kind 3: »Müssen wir nisch wiederholen.«

Kind 2: »Weil du die Erziiiiiehungsberechtigte bist!«

(Die Mutter seufzt.)

Geseufzt hat Aischylos vermutlich auch oft. Ich konnte nichts zur Anzahl seiner Kinder recherchieren. Nur dass er 525 vor Christus in Eleusis, Griechenland geboren wurde und der älteste der drei großen, griechischen Tragödiendichter war. Da er aber (Mit-)Erfinder des griechischen Theaterchors war, gehe ich davon aus, dass er so wie ich drei Kinder hatte – mindestens.

So konnte er die Idee des Chors entwickeln, der während des Theaterspiels eine Vielfalt von Hintergrundinformationen lieferte oder Geschehnisse an den zentralen Stellen nochmal wiederholte oder zusammenfasste. Das heißt, der Theaterchor hilft dem Publikum dabei, der komplexen Handlung zu folgen. Ich denke, diese Funktion übernehmen die Geschwisterkinder auf meiner Lebensbühne. Irgendeinen tieferen Sinn muss dieses Verhalten schließlich haben. Wer das Publikum ist, ist mir noch nicht ganz klar. Aber ich denke, darauf komme ich schon noch.

»Kommst du schon noch!«
»Du!«
»Wirst es noch erfaaaaahren!«

Mit Kindern lernt man, sich bei 120 dB zu entspannen

Wellnessoase Wäschekorb

Als ich 1999 nach Berlin kam und niemanden kannte, fühlte ich mich oft einsam. Ich saß in meiner Wohnung – ohne Radio- und Fernsehgerät, und es war sehr, sehr still. Ich versuchte also, mich möglichst oft zu verabreden, arbeitete gerne bis tief in die Nacht oder unterhielt mich mit irgendwelchen Menschen online in Chats. Ich las jede Woche zwei Bücher, und sehr gerne verstrickte ich die Nachbarn in ausufernde Gespräche.

Ich lebte allein, und es war meistens sehr ruhig. Hätte ich damals gewusst, wie ein Leben mit Kindern ist, ich hätte mich im Alleinsein gesuhlt. Ich hätte Stille getankt. Mich über jede lautlose Sekunde gefreut, wäre für jede schweigende Minute dankbar gewesen, jede lärmfreie Stunde hätte ich leise gefeiert.

Dann kamen die Kinder, und ab da war es nie wieder leise. Zum einen natürlich, weil die Kinder selbst Geräusche machen. Die Babys schreien, die Kleinkinder plappern, und die etwas größeren Kinder stellen ständig Fragen, sodass man selbst auch ununterbrochen sprechen muss. Wenn dann noch Geschwisterkinder dazukommen, wird es noch lauter. Es wird um die Wette geplappert, und der ein oder andere lautstarke Streit lässt sich auch kaum vermeiden. Dann kommen noch Freundinnen und Freunde der Kinder ins Haus, und plötzlich ist die eigene Wohnung ein Hühnerschlag. Alles gackert und flattert, und ab und zu fegt ein Fuchs durch, und alle stieben auseinander und kreischen wie verrückt.

Tatsächlich gibt es dann keinen Ort mehr, an dem man seine Ruhe hat. In den eignen vier Wänden nicht und schon gar nicht außerhalb der Wohnung. Es gibt wenig, was noch lauter ist als Eltern-Kind-Cafés oder Indoorspielplätze.

Das erste Mal, als wir uns mit Freunden in einem Indoorspielplatz verabredeten, wusste ich das noch nicht. Wir schauten die Adresse im Internet nach und fuhren mit der Tram hin. Schon gut 500 Meter vor dem Indoorspielplatz schlug uns eine unfassbare Schallwelle entgegen. So wie diese Wellen auf Hawaii, auf die Surfer monatelang warten. Die eine riesige Welle, die langsam heranrollt, sich an irgendeinem Punkt bricht und über einem zusammenfällt, wenn man kein erfahrener Surfer ist. Sie bricht sich über dem Kopf und drückt einen mit aller Gewalt auf den Boden. Man kann nicht atmen, sich nicht bewegen – man muss warten, bis sie über einen hinweggerollt ist. Danach ist man wie betäubt, und obwohl man langsam weiß, dass es vermutlich keine gute Idee ist, läuft man weiter, bis man schließlich die Tür zum Indoorspielplatz öffnet und sich die akustische (und nicht selten olfaktorische) Hölle vor einem eröffnet.

Es ist laut, es ist stickig, es ist einfach nur schrecklich, und doch geht man auf Bitten der Kinder immer wieder hin.

Am Ende des Tages wünscht man sich nur eines: Ruhe. Absolute Ruhe. Keinen Pieps. Am besten einen Raum mit schallresorbierenden Wänden, damit es nicht nur leise, sondern lautlos ist.

Aber diese Art Stille ist einem nur selten vergönnt.

Ich habe allerdings für mich eine wunderbare Entspannungsmöglichkeit gefunden, und die will ich an dieser Stelle auch anderen Eltern verraten. Spielt mit euren Kindern öfter mal Verstecken. Das ist großartig. Einmal saß ich zwanzig Minuten kichernd im Wäschekorb. Es war völlig ruhig. Durch das Bastgeflecht des Wäschekorbs strahlte die Abendsonne, und der unter mir liegende Wäscheberg war weich und kuschlig. Ich sank in die Schmutzwäsche und entspannte mich. Die Kinder irrten währenddessen durch die Wohnung. Das jüngste hatte seine Mission nach einiger Zeit völlig vergessen und fing an, mit Bausteinen zu spielen, und wenn ich nur dieses eine Kind gehabt hätte, ich hätte den ganzen Nachmittag im Wäschekorb verbringen können. Vielleicht sogar die ganze Nacht, je nachdem, ob das Kind sprachlich in der Lage gewesen wäre, dem heimkehrenden Vater abends zu berichten, dass es ursprünglich mit Mami Verstecken gespielt hatte.

Es ist übrigens ganz erstaunlich, wie viele unauffindbare Verstecke eine doch eher spartanisch eingerichtete Wohnung* bietet. Der elterliche Kleiderschrank (der praktischerweise sogar über eine Innenbeleuchtung verfügt – man muss eben nur daran denken, sich ein gutes Buch mitzunehmen), die Abstellkammer, die Lücke zwischen Sofa und Wand. Ganz hervorragend eignet sich im Winter auch der Kleiderständer. Unter den wollenen Wintermänteln stehend, habe ich schon den ein oder anderen entspannten Nachmittag verbracht. Irgendwann war ich sogar so relaxt, dass ich mir Kopfhörer und Musik mitgenommen habe und dann leise Café del Mar hörte. Das ist besser als jede teuer bezahlte Wellness-Session bei der Kosmetikerin zum Beispiel, denn die wollen ja auch immerzu sprechen.

---

* Zitat meiner Mutter: »Kind, brauchst du Geld für Möbel?«

Ich ziehe keine Socke an! Nein! Nein, meine Socke ziehe ich nicht an!

An Erziehung glaube ich nicht. Die Kinder werden so geboren, wie sie nun mal sind, und dann wachsen sie einfach. Egal wie man sich abmüht und was für tolle Ratgeber man liest. Als das erste Kind geboren wurde, war ich freilich noch anderer Meinung, aber spätestens seit der Geburt von Kind 3 habe ich diesen weit verbreiteten Irrglauben verworfen. Die Kinder haben zwar dieselben Eltern und wachsen in exakt derselben Umgebung auf – aber sie hatten schon immer ihren ureigenen und unabänderlichen Charakter.

Kind 3 beispielsweise schreit gerne. Wenn man es genau nimmt, hat es schon geschrien, als der Kopf gerade mal geboren war. Kopf raus und RÄÄÄBÄÄÄHHHHHH.

Zu Beginn war ich beunruhigt. Was fehlt dem Kind bloß? Man muss dazu sagen, dass Kind 2 eigentlich kaum geschrien hat. Vielleicht mal, weil ich versehentlich vergessen habe, es zu füttern, aber wenn mir dann einfiel, was der Grund des Unbehagens sein könnte, schlief es einfach wieder ein. Kind 1 war auch eher der Denkertyp. Stundenlang konnte es sich mit dem Anblick von grauen Fugen gekachelter Küchenwände beschäftigen. Ab und an wollte es eine Banane – aber im Grunde war es immer zufrieden.

Kind 3 schrie jedenfalls immer und sah dabei nicht mal unzufrieden aus. Irgendwann schwante mir, dass das Kind tatsächlich gar nicht aus Unbehagen schreien könnte. Es schrie vielleicht, weil es Schreien einfach gut fand. Vier Jahre später sehe ich meine Hypothese bestätigt und mache mir nun keine Sorgen mehr.

Ich würde schätzen, Kind 3 schreit im Schnitt drei bis vier Stunden über den Tag verteilt. Gründe dafür gibt es sehr viele. Das fängt an beim Aufstehen. »ISCH WILL NISCH AUFSTE-

HEN!«, geht weiter beim Frühstück: »ISCH WOLLTE DIE STINKEWURST NISCH. DIE IS FAUL!«, erstreckt sich über das Zähneputzen: »ISCH WILL NISCH! KARIES UND BAKISCHIUS SIND BAKTERIEN, DIE KANN ISCH MIT PUTZEN NISCH TÖTEN!«, und geht weiter beim Anziehen: »NEIN! ISCH ZIEHE MISCH NISCH AN, ISCH BIN ZU KLEIN DAFÜR!«

Es ist nicht so, dass das Kind keine Argumente hätte. Als ich zum Beispiel erläuterte, es sei jetzt, kurz vor der Vorschule, doch mal Zeit, dass es sich selbst anziehe, schaute es mich entgeistert an und sagte: »Ich bin dafür viel zu klein. Ich muss noch so viel lernen. Jetzt lerne ich erst mal ein- und ausatmen!«

Ich gestehe, gerade das morgendliche Anziehritual treibt mich zur Zeit schier in den Wahnsinn. Ich lüge nicht, wenn ich behaupte, dass das Anziehen morgens rund 1,5 Stunden in Anspruch nimmt. Dabei sind die Anforderungen nicht einmal besonders hoch. Es geht ja nicht ums Schuhebinden oder Krawattenknoten. Es geht um Socken. Ab 6.30 Uhr knie ich flehend vor dem Kind und fordere es auf, die Socken anzuziehen. Wenn irgendein Trick bei den anderen Kindern irgendwann mal geholfen hat, bei Kind 3 hilft nichts. Kein »Ich wette, ich bin schneller als duhuuu«. Da schaut mich Kind 3 nur gelangweilt an und stellt fest: »Ja, Mama. Du bist ja auch Erwachsene.« Damit hat sich das dann erledigt.

In meiner Verzweiflung versuche ich es auch schon mal damit, Konsequenzen aufzuzeigen. »Wenn du dich nicht anziehst, nehme ich dich im Schlafanzug mit in die Kita!« Doch auch das perlt an Kind 3 ab. »Isch finde meinen Schlafanzug schick.«

Ich gestehe, ich habe sogar schon sinnlos gedroht: »Wenn du dich nicht anziehst, dann, dann, dann gibt es keine Süßigkeiten!« – »Muss isch dann auch keine Zähne putzen, weil dann hab isch ja kein Zucker gegessen?«, fragt es darauf interessiert.

An manchem Morgen möchte ich mich am Boden wälzen. Dieses Kind! Es ist nicht zu knacken. Wenn es meine Verzweiflung dann spürt, legt es sein Patschehändchen mitfühlend auf meine Schulter und sagt: »Wenn du misch abends nisch ausziehst, musst du misch morgens nisch anziehen, weißt du?«.

Ich bin also der Gnade des Kindes ausgesetzt. Es macht entweder mit oder eben nicht. Und da es keinen Sinn darin sieht, sich selbst anzuziehen, zieht es sich eben nicht selbst an. Ich resigniere dann gelegentlich und fange an, es selbst anzuziehen, obwohl mir Selbständigkeit so wichtig ist, und erinnere mich reumütig an die Zeit zurück, in der ich mit dem kaum dreijährigen Kind 2 vor dem Kleiderschrank stand und diskutierte, dass ich als Erziehungsberechtigte doch bitte auch mal die Kleidung aussuchen dürfte. Kind 2 schüttelte daraufhin nur stoisch den Kopf, zog alle komplementärfarbenen Kleidungsstücke aus dem Fach und begann sich schichtweise anzuziehen. Socken, Stulpen, Leggins, Rock, Kleid, Pullover – während ich vorsichtig versuchte, darauf hinzuweisen, dass man gar nicht Kleid UND Rock anziehen müsse. Das war Kind 2 aber völlig schnuppe. Es zuckte mit den Schultern, lies mich im Kinderzimmer stehen und schickte sich an, alleine Zähne putzen zu gehen.

Der Mensch ohne Kinder meint vielleicht, dass man sich lediglich auf die Eigenheiten der Kinder einstellen müsse. Aber auch das ist ein Irrtum. Speziell das letztgeborene weiß sich selbst zu wandeln. Genau in dem Moment, in dem ich aufgebe und denke: Jetzt ziehe ich das Kind eben bis zum Abitur morgens an, hat es sich rekalibriert, schreit: »ISCH KANN DAS ALLEINE!!!« und schlägt mir die Hose aus der Hand. So ist das mit diesem Kind. Und es ist immer so gewesen. Und es wird nie anders sein. Und ich, ich bin ein stiller, tiefer See. Ommmmmm!

Einkaufsspaß mit Kind

Es gibt so einige Einkaufssituationen, die man nicht schön findet. Einkaufen kurz vor Weihnachten zum Beispiel, wenn ungefähr sechzig Prozent der deutschen Bevölkerung gleichzeitig einfällt, dass sie noch dringend ein Geschenk benötigt. Oder vor Feiertagen, wenn irgendetwas in den Menschen dazu führt, dass sie das Gefühl haben, mit Hilfe ihrer erstandenen Nahrungsvorräte die nächsten zwei Wochen überbrücken zu müssen.

Oder wenn einem kurz vor Geschäftsschluss aufgeht, dass das Kind schon wieder gewachsen ist und man dringend eine neue Hose braucht, weil man als Hochzeitsgast am nächsten Tag repräsentativ aussehen muss.

Wir waren also am Samstag zu einer Hochzeit eingeladen, und der Blick in den Kleiderschrank des Kindes um 19.20 Uhr am vorangehenden Freitag eröffnete, dass alle Hosen entweder zu kurz, durchlöchert, zerschlissen oder mit unentfernbaren Flecken dekoriert waren. Auf dem Dorf wäre man vor Schreck tausend Tode gestorben, doch in Berlin ist das nächste Einkaufszentrum nicht weit, und so startete ich relativ entspannt und zuversichtlich in den abendlichen Einkauf. Wir hatten glücklicherweise schon zu Abend gegessen, und sicherheitshalber packte ich noch eine Flasche Wasser ein, damit das Kind, das gerne mal spontan zu vertrocknen droht, den Hosenkauf auch sicher überleben würde.

Schon auf dem Weg ins Bekleidungsgeschäft zeigte sich, dass das Kind denkbar lustlos war und überhaupt nur aufgrund mittelgroßer Bestechungen durch Fernsehzugeständnisse und Süßigkeiten dazu zu bewegen war, in einer Umkleidekabine auf die Präsentation verschiedener Hosenmodelle zu warten.

Als ich endlich schwitzend vier Hosen anschleppte, war die Kooperationsbereitschaft trotz aller Bemühungen allerdings vollends verflogen, und selbst die Ankündigung einer siebenstöckigen Schokoladentorte zeigte keinerlei positive Wirkung.

Liebe, gegenseitige Akzeptanz und Freiräume bei der Kindererziehung in Ehren, die Hosen mussten anprobiert werden. Das Kind sperrte sich, wand sich, es krakeelte, und als das alles nichts half, griff es instinktiv zu der letzten aller grausamen Maßnahmen: Es brüllte Sätze, für die man in der Regel verhaftet wird. Kinder haben für solche Sätze ein messerscharfes Gespür.

»Hier, schau mal, ist die Hose nicht schön? Probiere sie bitte mal an.«

Ich reiche dem Kind lächelnd die erste Hose.

»Ich will nicht, die Hose kneift.«

»Die kneift nicht, jetzt probiere sie doch erst mal.«

»Nein!«

»Doch, du probierst jetzt die HOSE!«

»NEIN!«

Gut, das soll also nicht einfach werden. Ich zerre an dem Kind und versuche ihm die Hose, die es gerade trägt, zu entfernen.

»NEEEEEIIIIINNNNN, ich will nicht!«

Ich zerre weiter. Schließlich geht es hier um etwas. In Italien sagt man dazu, wir wollen »Bella Figura« machen, wenn wir auf der Hochzeit sind. Eine Vorzeigefamilie wollen wir sein! Das geht nun mal nur mit sauberen, passenden Hosen.

»NEEEIIINNN, bitte nicht, das tut so weh!«

»Das tut doch nicht weh! Das ist höchstens unangenehm, weil du nicht mithilfst!«

Ich zerre und zerre. Das Kind arbeitet nicht gerade mit. Es macht die Beine steif wie Stöcke und tut so, als habe es keine Kniegelenke.

»Nein, bitte nicht da unten, das tut so weh. NICHT DA UNTEN!!! AUA!!! AUAAAAAAAA!«

Getuschel in der Nebenkabine. Draußen hört man die Verkäuferin heraneilen. Der Vorraum der Umzugskabinen füllt sich mit besorgten Menschen.

»Alles in Ordnung?«

»Ja, alles bestens! Vielen Dank!«, rufe ich.

»Nicht Sie! Dem Kind! Kind? Geht es dir gut?«, erkundigt sich eine engagierte Verkäuferin.

In mir wächst das dringende Bedürfnis zu einem übereilten Aufbruch. Ich packe drei Hosen, die vierte binde ich um den Mund des schreienden Kindes, eile zur Kasse, lege alle Scheine, die ich besitze, auf den Tresen und flüchte aus dem Geschäft. Immerhin sahen wir gut aus am nächsten Tag.

Fragen fragen

Ich sitze in der U-Bahn. Meine Jacke habe ich ausgezogen. Ich trage nur eine Bluse. Es ist endlich Frühling. Bevor ich in die Arbeit gefahren bin, habe ich in der Wetter-App nachgeschaut, wie warm es heute wird. Zwanzig Grad! Frühling! Zeit für dünne Strümpfe und offene Schuhe.

Mir gegenüber sitzt ein Mann in dunkelblauer Daunenjacke. Er hat seine Wollmütze tief ins Gesicht gezogen und einen langen Schal mehrere Male um seinen Hals geschlungen. Er trägt tatsächlich Fellstiefel und eine Hose, die aussieht, als könnte man damit auch Ski fahren. Wir mustern uns gegenseitig. Eines ist klar: Einer von uns beiden hat irgendwas nicht mitbekommen.

Diese Übergangsjahreszeiten – Winter zu Frühling und dann Sommer zu Herbst – scheinen für viele Menschen verwirrend zu sein und haben seltsame Nebeneffekte. Eindeutig zu erkennen sind diese speziellen Jahreszeiten in öffentlichen Verkehrsmitteln an einem bestimmten Typ Frau. Diese Frauen denken nämlich: »Hey, es ist kein Sommer mehr, ich muss mir die Beine nicht mehr rasieren.« Allerdings denken sie das Ganze nicht konsequent zu Ende. Sie tragen dann nämlich keine Hosen, sondern weiterhin Röcke, wenngleich mit Nylonstrümpfen. Es gibt da nur ein »Problem«: Beinhaare werden nicht unsichtbar, nur weil man Nylonstrümpfe trägt. Irgendwo las ich mal ein Interview mit europäischen Männern, die beschreiben sollten, was typisch für deutsche Frauen ist. Ein Franzose sagte: »... dass Frauen in Deutschland denken, dass die psychedelischen Muster, die Beinhaare unter Nylonstrümpfen machen, sexy sind.« Wenn ich mir in Übergangszeiten Frauenbeine in der U-Bahn anschaue, scheint da etwas Wahres dran zu sein.

Doch ich schweife ab. Eigentlich bin ich auf dem Weg zu meinem Kind. Die ersten Frühlingstage wollen genutzt sein, und deswegen bummle ich meine angesammelten Überstunden ab und hole Kind 1 früher aus dem Kindergarten. Auch für Kinder ist es wunderbar, wenn der Frühling endlich wieder zurückkommt. Kein stundenlanges Anziehen mehr, wenn man mal an die frische Luft möchte. Deswegen erstrahlt das Gesicht von Kind 1 auch, als ich ihm morgens sage, es müsse seine Presswurstjacke nicht anziehen: »Ist jetzt endlich wieder Frühling?« Ich nicke, und wir freuen uns beide.

Ja, jetzt ist Frühling. Wir laufen den Weg nach Hause und singen Abwandlungen von Kinderliedern. Ganz so wie in Axel Hackes *Der weiße Neger Wumbaba*. Ein sehr lustiges Buch, das sich ausschließlich mit Verhörern beschäftigt. Da Kind 1 noch nicht lesen kann und auch noch nicht alle Wörter kennt, singt es den Text so, wie es ihn versteht: »Kommt ein Vogel geflogen, setzt sich auf einen Schooooß, hat 'nen Zeppel im Schnapel von Dimutti 'nen Gruuuuuß!«

Am Spielplatz fühle ich mich (mal wieder) wie die fleischgewordene Verantwortungslosigkeit. Wir sitzen da in Bluse und Longsleeve, während die anderen Kinder in voller Montur über den Spielplatz kugeln, da die anderen Mütter entschieden hatten, ihre Kinder weiterhin in Winterjacken, Schneehosen, Müt-

zen und Schals zu verpacken. Zudem springen sie alle zehn Minuten panisch auf und betasten die Nacken und Hände ihrer Kinder, um sicherzugehen, dass sie nicht vielleicht doch fürchterlich frieren.

Die Ballkinder schubsen sich gegenseitig um und panieren sich im noch feuchten Sand, worauf die aufgescheuchten Mütter erneut losrennen und versuchen, durch Rubbeln der Kinderkleidungsbälle einer drohenden Unterkühlung entgegenzuwirken.

Ich setze mich derweil in das Kinderspielplatzsegelboot und lasse mich vom Kind um die Welt segeln. Die Sonne scheint auf meine Nase, und der sanfte Wellengang macht mich angenehm schläfrig. Frühling ist einfach wunderbar. Jedenfalls bis das Kind wieder damit beginnt, mich mit Fragen zu löchern, die ich nicht beantworten kann:

»Warum verhalten sich Salz und Pfeffer unterschiedlich, wenn man ein gerubbeltes Röhrchen (vermutlich einen statisch aufgeladenen Plexiglasstab) in ein Gemisch der beiden Gewürze hält?«

oder

»Wie baut man nochmal ein Periskop?«

oder

»Was ist ein Baobab?«

Ich blinzle in die Sonne. Bis eben gerade war doch alles noch so schön. Ich versuche so zu tun, als würde ich nichts hören. Kind 1 kennt das und fragt einfach weiter und weiter und weiter.

»Woher hast du diese Wörter?«, frage ich gereizt. »Vorschule. Das lernen wir in der Vorschule.«

Stirnrunzelnd starre ich in das aufkeimende grüne Blätterdach über meinem Kopf. Da gab es eine Aufgabe, die hat mir und meinem damaligen Freund mal ein Gast auf einer Party gestellt. Wir haben die ganze Nacht daran gerätselt, keine Lösung gefunden, sind in Streit geraten, haben die gesamte Fahrt von Köln nach Bamberg nicht miteinander geredet und uns schließlich getrennt. Ich war der Meinung, dass es im n-dimensionalen Raum eine Lösung gäbe, und er nicht.

Ich fand, wenn das Kind mir den Tag mit Fragen verdarb, sollte es sich ebenfalls ein paar Gedanken machen:

»Vorschule, papperlapapp. Zeichne in den Sand drei freistehende Quadrate. Zeichne dann darunter drei weitere Quadrate. Die oberen Quadrate bezeichnest du mit E, W und G. Das steht für Elektrizitätswerk, Wasserwerk und Gaswerk. Die unteren Quadrate sind drei Häuser. Nun braucht jedes Haus eine direkte Leitung von jedem Versorgungsunternehmen. Wichtig ist nur eines: Keine der Leitungen darf sich irgendwo überschneiden. Wenn du die Antwort weißt, beantworte ich dir deine Fragen.«

Ich lehnte mich zurück und genoss wieder die milde Frühlingssonne.

Gute Vorsätze

Gute Vorsätze hat jeder, der Elter wird. Leider sind diese so nachhaltig wie Silvestervorsätze. Ganz oben auf der Liste steht: Ich werde niemals wie meine eigenen Eltern werden, und dazu gehört auch, dass man die Sätze, die man als Kind tausendfach gehört hat, selbst natürlich niemals sagen möchte. Doch ehe man sich versieht, verlassen den Mund Sprüche wie: »Ich will jetzt keine Diskussion mehr. Du machst das, weil ICH das sage!« Das erste Mal ist man noch etwas geschockt, doch eines Tages sind diese Sätze Gewohnheit, und man sagt sie aus reiner Verzweiflung in erschreckender Regelmäßigkeit. Kaum ist man in dieser Phrasenspirale gefangen, fällt einem noch etwas anderes auf. Es sind nicht die Inhalte der Killerphrasen selbst, die ermüdend sind, sondern dass man sie immer und immer und immer und immer wieder sagen muss. Eine Million Mal. Pro Kind wohlgemerkt. Wenn man also mehrere Kinder hat, besteht circa zehn Prozent des Gesamtvokabulars aus Erziehungsphrasen.

Seit ich das erkannt habe, versuche ich den Kindern klarzumachen, dass das Aussprechen dieser Sätze für Erwachsene ebenso nervtötend ist wie das Anhören für Kinder zermürbend. In der Beliebtheitsskala ganz oben rangieren:
- »Du sollst Hände waschen, nicht planschen!«
- »Nicht mit dem Stuhl wackeln, setz dich bitte richtig hin!«
- »Wäre es möglich, erst zu schlucken und dann zu sprechen?«
- »Ich habe gesagt, du sollst dich bitte anziehen!«
- »Kann man die Tür auch leiser zumachen?«
- »Bitte leiser sprechen, leiser bitte, verdammt noch mal LEISER! ICH BIN NICHT TAUB … **ICH VERSTEHE DICH AUCH SO!!!**«

Ich spüre nach acht Jahren Kinder bereits erste Verschleißerscheinungen an meinen Stimmbändern. Ich fürchte, wenn Kind 3 groß genug ist, um angeschrien zu werden, werde ich zu alt und zu schwach sein, um diese Sätze weiterhin live zu performen. Deswegen habe ich eine CD aufgenommen. Sie deckt die folgenden Anwendungsbereiche ab: berufstätig: das Kind morgens in den Kindergarten bringen und trotzdem pünktlich zur Arbeit kommen, zu Tisch: Speisen ohne kippelbedingten Kieferbruch, Nachtruhe: Mit geputzten Zähnen schläft es sich besser, und Alltag: Auch ohne Süßigkeiten und Zeitschriftengimmicks kann man einkaufen.

Die CD wird es voraussichtlich ab März 2016 in jedem gut sortierten Musikfachgeschäft geben. Vorbestellungen nehme ich gerne schriftlich unter meinen bekannten Kontaktdaten entgegen.

Und die sollten Sie wirklich lieber vorbestellen. Nach dem Phrasendreschen – und das gebe ich als erfahrene Mehrfachmutter ganz im Vertrauen preis – kommt eine noch viel unwürdigere Phase für Eltern. Die Phase der erzieherischen Schwäche. Ich beschreibe mal eine prototypische Situation. Wenn Sie ihnen bekannt vorkommt, dann – wie gesagt – treten Sie mit mir in Kontakt, und bestellen Sie schnell die CD, um nicht noch weiter abzurutschen.

Ein neuer Morgen beginnt. Der Kaffee ist gemacht, der Frühstückstisch ist gedeckt. Die Mutter noch frisch und fröhlich.

Ein Kind tritt an den Frühstückstisch: »Ich will Müsli.«

»Okay«, sagt die Mutter, holt Müsli aus dem Schrank und will das Müsli in eine Schale schütten.

»NEIN! DAS WILL ICH MACHEN.«

Okay, denkt sich die Mutter wieder, Selbständigkeit ist wichtig, und sagt: »Aber nicht zu viel, wir haben nur noch die süßen Cornflakes. Die sind nicht so gesund, bitte nicht …«

Das enthusiastische Kind indes hat die Müslipackung bereits in der Hand und lässt mit einem großen SCHWOPP fünfzig Prozent des Gesamtinhalts in die Schüssel plumpsen.

»Okay! Das reicht!«

Das Kind lässt sich nicht stoppen und schüttet nochmal nach.

»Okay, okay, das ist genug, Schatz.«

»Ein bisschen noch!«

»Okay, wirklich nur noch ein kleines bisschen, aber ...«

SCHWOPP, sehr viel Müsli liegt auf dem Tisch verteilt.

»Gut, die Milch macht aber jetzt die Mami.« (Aus unerfindlichen Gründen neigen Mütter dazu, vielleicht zum Zwecke der Eindringlichkeit, von sich in der dritten Person zu sprechen.)

»Milch will ich auch machen!« Das Kind schaut sehr entschlossen.

»Okay, aber wirklich vorsichtig ...«

SCHWOLL, ein halber Liter Milch ergießt sich in die Schale, die Schale läuft über, die Milch vermischt sich mit dem Restmüsli auf dem Tisch, alles wird ein großer Schmodderteich.

»Ich möchte jetzt Tee trinken«, stellt das Kind fest.

»Okay, aber den gieße ich ...« Der mütterliche Satz wird durch ein schrilles Schreiweinen (ich nenne es gerne Schreulen) unterbrochen.

»Okay, DU kannst den Tee eingießen, aber ...«

SCHLONZ.

Die Mutter lehnt sich zurück. Irgendwie ist das jetzt auch schon egal. Alles egal. Soll das Kind doch alles alleine machen. Die Mutter schließt die Augen, der Milch-Müsli-Tee-Schmodder sickert ihr langsam entgegen und suppt über den Rand des Tisches. Happy place! Happy place!, denkt die Mutter, und ihr Kopf spielt Entspannungsmusik.

Kinderbücher für Eltern

Wenn ich mich gerade bewerben müsste, wäre ich für vielerlei Jobs qualifiziert. Es mangelt vielleicht hier und da ein wenig an der Praxis – theoretisch gibt es jedoch kaum Grenzen.

Beispielsweise könnte ich sofort auf einem Bauernhof anfangen. Ich kenne alle Tiere, ich weiß, was sie fressen, und mit den richtigen Gummihandschuhen ausgerüstet, könnte ich sogar Geburtshelferin für Kühe werden.

Auch bei der Feuerwehr müsste ich nicht lange fackeln. Problemlos würde ich den Leiterwagen bedienen, Kätzchen retten, Feuer löschen, und der Gebrauch des Spreizers ginge mir ebenfalls leicht von der Hand.

Gleiches gilt fürs Piraten-, fürs Ritter- und fürs Märchenprinzessin-Dasein, alles gar kein Problem.

Denn seit beinahe einem Jahrzehnt lese ich Bücher zu diesen Themen vor. Manche so oft, dass ich sie schon versteckt habe, damit keines der Kinder sie freudestrahlend auswählen kann und ich gezwungen bin, sie vorzulesen. Immer und immer wieder. Das gebetsmühlenartige Vorlesen hat, wie bereits erwähnt, durchaus seine Vorteile. Gut fünfunddreißig Prozent meiner Engramme dürften sich zu den Themen Feuerwehr, Bauernhof, Stadtfahrzeuge, Zootiere, Indianer und Prinzessinnen gebahnt haben. Ich denke oft, wenn ich auf einer Party beispielsweise einen Feuerwehrmann träfe, wir hätten stundenlang Gesprächsstoff allein zum Thema Fahrzeuge: Löschgruppenfahrzeuge, Hilfeleistungslöschgruppenfahrzeuge, Tanklöschfahrzeuge, Tragkraftspritzenfahrzeuge. Egal! Ich kenne mich aus!

Dennoch wünsche ich mir eigentlich Kinderbücher mit Themen, die mich interessieren oder die mir wenigstens im Leben weiterhelfen würden. Meinen Kindern sind die Texte im Grunde nämlich völlig egal. Wenn ein Bagger auf dem Cover ist, genügt ihnen das. Kaum setzen sie sich neben mich und ich beginne vorzulesen, bekommen sie diesen leeren Blick, und auch wenn ich Wörter wie »ALIENATTACKE« oder »NEUROPLASTIZITÄT« einbaue, horchen sie gar nicht auf. Es geht ihnen einfach um die beruhigenden Wiederholungen und den gleichbleibenden Rhythmus.

Deswegen schreibe ich mir jetzt selbst Kinderbücher, und ich wette, ich werde reich damit. Wenn ich schon täglich mehrere Stunden vorlese, dann möchte ich wenigstens etwas dabei lernen.

Band 1: *Unser buntes Bundeskabinett. Die fünfzehn putzigen Minister und Ministerinnen samt Bundeskanzlerin.*

Band 2: *Die sechzehn Bundesländer. Eine fröhliche Zugreise durch Städte und über Flüsse von Schleswig-Holstein bis nach Baden-Württemberg.*

Band 3: *Die USA. Eine eifrige Weltmacht sorgt für Ordnung*

Band 4: *Atomkraft: Wie oft kann man noch schlafen, bis die Halbwertszeit rum ist?*

Band 5: *Der bunte Alltag der Anglizismen. Als der Outsourcer mal mit dem Inboundsupporter stritt.*

Weitere Vorschläge willkommen.

Saufen, saufen, oder ich fall um

Früher war mir sehr viel peinlich. Ich wollte immer perfekt sein, keine Fehler machen und bitte, bitte nichts Blödsinniges tun oder sagen. Sehr gerne bin ich um 5 Uhr morgens aufgestanden, um meine weißen Blusen zu stärken, zu bügeln und um mich zu schminken. Schon am Vorabend habe ich mir Gedanken gemacht, welche Accessoires wohl am besten zu meinem Outfit des nächsten Tages passen würden. Ein gepflegtes Äußeres war mir wichtig. Aber noch wichtiger war mir, nicht dumm zu erscheinen. Meine Taktik ging meistens auf. Wenn ich mir nicht sicher war, schwieg ich lieber lächelnd und wurde für klug gehalten.

Jetzt bin ich Mutter, und bei der Geburt meines ersten Kindes ist alle Peinlichkeit von mir abgefallen. Rückblickend bin ich voller Mitleid für all diejenigen, die ebenfalls in einem solch gequälten Seelenzustand leben wie ich einst, und kann ihnen nur dringend empfehlen, sich Kinder zuzulegen. Notfalls vom Nachbarn geliehene, um sich vielleicht schrittweise zu immunisieren. Denn jetzt, da ich mich von aller Perfektion frei machen konnte, bin ich ein fröhlicher Mensch und die beste Tierstimmenimitatorin der Stadt. Wenn ich krähe wie ein Hahn, schreie wie eine ganze Affenhorde oder trompete wie ein Elefant, leuchten Kinderaugen, und Babys fallen um vor Lachen. Meine Frisur ist wüst und meine Kleidung schmutzig, aber ich kann nach Herzenslust mit meinen Kindern auf dem Spielplatz spielen. Wir bewerfen die Model-Mamas am Rand mit Sand, und wenn sie nicht hinsehen, buddeln wir kleine Löcher, in denen sie mit ihren hochhackigen Schuhen stecken bleiben.

Mit Kleinkindern gerät man so oft in peinliche Situationen, dass man irgendwann glaubt, nichts könne einem mehr die Schamesröte ins Gesicht treiben. Einmal haben mich meine Kinder auf einer Bahnfahrt jedoch eines Besseren belehrt. Weil wir mehrere Stunden unterwegs sein würden und mir weder Preis noch Qualität der bahneigenen Heißgetränke zusagen, hatte ich mir Milchkaffee in einer Thermoskanne mitgenommen. Als es Zeit für den Nachmittagssnack war und ich den Kindern das mitgebrachte Obst reichte, goss ich mir selbst etwas Kaffee in einen Becher. Das Jüngste beobachtete den Vorgang interessiert, und plötzlich schrie es ohne ersichtlichen Grund lauthals: »Auch Alkohol haben, Alkohol haaaaaben.«

Dummerweise befindet sich das Kind gerade in der sogenannten Autonomiephase, welche der breiteren Öffentlichkeit auch unter dem Begriff »Trotzphase« bekannt sein dürfte. Eltern wissen, was das heißt. Bekommt das Kind nicht, was es will – unabhängig von der Sinnhaftigkeit des Begehrens –, schreit und schreit es so lange und so laut, bis der Kopf zu platzen droht. Der des Kindes und der der Mutter. Mein Kind hatte sich bereits bäuchlings auf den Boden geworfen und krakeelte immer lauter.

Ich riss mich zusammen, setzte mein zauberhaftestes Lächeln auf und erklärte mit pädagogisch warmer Stimme: »Liebes Kind, Alkohol ist nichts für kleine Kinder, deswegen kann ich deinem Wunsch nicht nachkommen und außerdem ...« Doch ich konnte gar nicht weitersprechen, das Kind war längst außer sich. Meine auch an die Mitfahrenden gerichtete Erklärung, dass ich mir bei einer Reise mit Kindern natürlich prinzipiell keine Schnäpschen genehmige, ging im Lärm unter. Das Kind grölte immerzu: »Räbääähhhhhh bääääahhhh wääääahhhhh! ICH WILL ALKOHOOOOL! Wähhhhhhh.«

Die Mitreisenden starrten währenddessen angestrengt auf ihre Bücher oder zu den Fenstern hinaus. Eine ältere Dame, die in einem anderen Kontext sicherlich eine potenzielle Kandidatin für einen erheiternden Spruch über kleine Böckchen gewesen wäre, vertiefte sich krampfhaft in ihr Kreuzworträtsel. Ein geheimbündlerisches Zwinkern eines erdbeernasigen Rentners konnte mir dabei auch nicht mehr helfen. Ich wurde schamesrot.

Raupenkacke

Das Kind ist jetzt Insektenforscher. Es bekam zum Geburtstag ein Insektenforschungsset geschenkt, welches nun permanent um den Hals getragen wird. Dabei handelt es sich um eine kleine verschließbare Plastikschale, die mit Luftlöchern und einer Lupe versehen ist. Im Gürtel trägt es die Forschungsinstrumentarien: eine Pinzette, eine Schere und ein Bestimmungsbuch.

Es ist deswegen nicht verwunderlich, dass uns das Kind gezwungen hat, am nächsten freien Tag die Wohnung zu verlassen, um gemeinsam vielfältiges Forschungsmaterial zu beschaffen. Wir setzen uns also auf die Fahrräder und steuern den naturnahsten Spielplatz des Viertels an. Es ist warm und hatte am Vortag geregnet. Was die Funde angeht, sind unsere Erwartungen groß. Wir kriechen folglich stundenlang über die Wiese, inspizieren die Unterseiten von Steinen, graben die feuchten Pfähle des Klettergerüsts aus und bohren sogar mit Stöckchen in Hundehaufen. Nichts. Absolut nichts. Berlin ist offenbar komplett insektenfrei.

Wir setzen unsere Suche noch einige Stunden fort, aber als es langsam Nachmittag wird, geben wir schließlich auf und zerren das unverständige, weinende Kind nach Hause. Im Treppenhaus erwartet uns überraschend die Rettung. Als wir die Treppen nach oben laufen, entdecken wir auf der Fensterbank zum dritten Stock einen einbeinigen Grashüpfer. Mobilitätseingeschränkt wie er ist, kann er dem forschungsbereiten Kleinkind nicht entkommen und wird sogleich in das Beobachtungsschälchen geworfen.

Die Freude ist groß, und als wir in der Wohnung sind, fragt das Kind vor Enthusiasmus überschäumend, ob es den Grashüpfer zerschneiden darf. Ich verneine. Der Vater widerspricht und sagt, wenn es der Wissenschaft diene, dann sei das in Ordnung. Einen beherzten Schnitt durch die Mitte, das sei okay. Die Lebenserwartung von wenig beweglichen Grashüpfern sei ohnehin mittelprächtig. Während wir in eine heftige Ethik- und Moraldiskussion abgleiten, entscheidet sich das Kind für einen pragmatischen Kompromiss. Es schneidet nur ein bisschen was vom Grashüpfer ab. Genau genommen nur das kleine Köpfchen. Danach schläft der Grashüpfer tief und fest.

Das Kind betrachtet den Grashüpfer ganz genau. Den Kopf, die Fühler, die starken Sprungbeine, das hintere, gebogene Ende. Als es fertig ist mit der Inspektion, dauert es nicht lange, und das Kind schüttelt die Dose wütend hin und her, damit das grüne Ding nun wieder aufwacht. Natürlich vergebens. Eine blaue Wutader bildet sich auf der Stirn des Kindes. Wir sehen regelrecht einen Schrei im Hals anschwellen. Bevor die Gefühlslage des Kindes jedoch vollends eskaliert, hat der Vater ein neues Opfer entdeckt. Unsere Küchenkräuter haben glücklicherweise

Raupen. Dicke grüne mit weißen Bäuchen. Sie haben schon die ganze Fensterbank vollgekackt. Der Vater kennt sich wirklich aus mit Raupenkacke. Ich leider nicht. Ich hatte die Kötel am Morgen zwar entdeckt, dann aber in einem Reflex verwundert aufgehoben und zur Untersuchung in den Mund gesteckt. Ich hatte die Hypothese, dass irgendwer Thymiansamen in der Küche verschüttet hatte.

Das Kind untersucht die dicken Raupen mit großer Freude. Was passiert, wenn man sie anleuchtet? Was, wenn man sie in den Kühlschrank stellt? Was, wenn man sie anhaucht? Die Zeit vergeht wie im Flug, und erst zum Abendessen werden die neuen Gefangenen beiseitegelegt. Am Wochenende gibt es bei uns traditionell Schweinebraten mit Knödeln. Während ich in der Küche mit dem angebrannten Wirsing kämpfe, stopft das Kind im Wohnzimmer einen Kartoffelknödel in das Insektenbeobachtungsschälchen. Auch Raupen haben ein Recht auf Klöße. Leider überleben die Raupen diese Fürsorge nicht und sterben den Quetschtod durch einen Riesenkloß direkt unter der Lupe.

Wenigstens war es ein echter Kartoffelkloß, etwas für Feinschmecker. Für die Raupen tragisch, aber so ist es nun mal passiert.

Über die Nebenwirkungen von Eismangel

Ein Ausflug ins Schwimmbad gefällt mir eigentlich ganz gut. Erstens bietet er die in den letzten Sommerwochen selten gewordene Gelegenheit des Nicht-Schwitzens, und zweitens kann man das Kind gelegentlich untertauchen und das Ganze nach einem Zufall aussehen lassen.

Theoretisch ist das Schwimmbad als Freizeitprogramm also super. Praktisch wächst das Bedürfnis der Erwachsenen nach Hause zu gehen irgendwann dann doch, und das, obwohl das Kind nach drei Stunden im eiskalten Becken zähneklappernd mit blauen Lippen schwört, ihm sei kein Stück kalt und es wolle sehr gerne noch bleiben. Als wir das Kind also aus dem Wasser gefischt und angezogen haben und uns auf den Weg in die heimischen Gefilde machen, wird das Kind bedauerlicherweise just in diesem Moment von schweren Bauchschmerzen heimgesucht. Es lässt die Schultern nach vorne hängen, verzieht leidvoll das Gesicht und wandelt zehn Meter hinter den Erwachsenen, als sei es direkt aus der *Night of the Living Dead* entsprungen. Dabei johlt es: »Ihr gemeinen Erwachsenen, ich habe so schreckliche Bauchschmerzen, bringt mich zum Arzt meines Vertrauens!«

Den leiblichen Vater plagen natürlich Zweifel, ob das Kind, das auch schon als Zweijähriger regelmäßig von sogenannten Bauchschmerzen geplagt war, wenn es zu faul zum Laufen war, nicht doch ausnahmsweise *echte* Bauchschmerzen hätte. Ich, als böse Stiefmutter, sage zum Kind: »Wenn du so schlimme Bauchschmerzen hast, dann müssen wir ins Krankenhaus, dein Kinderarzt hat am Wochenende frei, und im Krankenhaus hat's nur den Dr. Grobian, der kann dir aber helfen.«

Das ginge natürlich nicht, so das Kind, es lasse sich nur vom bekannten Hausarzt untersuchen! Wir steigen indes in die U-Bahn. Dort fällt es zur Bekräftigung seiner Worte auf den Boden, robbt einige Meter, streckt eine Hand in die Luft und fleht um Erbarmen. Man könne es doch nicht einfach hier liegen lassen, es versterbe! Die Bauchschmerzen machten sich auch noch beim Liegen bemerkbar, ja sogar beim Einatmen!

Während der Vater auf Blinddarmdurchbruch untersucht, frage ich beiläufig, was den Schmerzen denn vielleicht Abhilfe verschaffen würde? Erdbeereis wahrscheinlich, eine doppelte Portion Schokoladeneis mit Sahne, das würde WIRKLICH helfen, so viel sei sicher!

Aha. Eismangelbauchschmerzen.

Die Sorge um das vorzeitige Dahinscheiden des Kindes verpufft, und nun geht es nur noch darum, die Mitfahrer in der U-Bahn davon abzuhalten, den Sozialdienst zu alarmieren.

Ich räuspere mich also und sage liebevoll zum sich am Boden vor Schmerzen krümmenden Kind an jeder der zwanzig

Stationen auf dem Weg nach Hause: »Ohoooo! Du denkst, nur Sahneeis kann dir bei deinen Bauchschmerzen helfen? OhooooOOOhh!«, und mache beim Aussprechen des Wortes Bauchschmerzen Anführungszeichen in die Luft und ärgere mich innerlich schwarz, dass wir nun das für den Nachhauseweg ohnehin geplante Eis natürlich auf gar keinen Fall essen können.

Trotz-Yoga

Eltern zwei- bis dreijähriger Kinder wird Trotz-Yoga ein Begriff sein. Für alle Eltern mit jüngeren Kindern beschreibe ich im Folgenden die vier gängigsten Positionen. Achten Sie beim Üben bitte auf eine saubere Ausführung und vor allem darauf, dass das Kind dabei schallintensiv ausatmet. Nur so erreichen Sie zur Blütezeit des Trotzes die maximale Ausprägung.

Position 1: Die Brücke des Aufstands

- Starte auf dem Bauch liegend.
- Stemme die Füße fest in den Boden.
- Mache deinen Rücken rund und drücke ihn nach oben. Stelle dir vor, du möchtest die Zimmerdecke damit berühren.
- Atme ein und stelle die Handflächen schulterbreit auf den Boden.
- Fixiere die Daumen und schreie intensiv.

Position 2: Der enttäuschte Profifußballer
- Du startest im stabilen Stand.
- Du rutschst mit Schwung auf die Knie und wirfst dabei den Körper nach hinten.
- Du musst den Oberkörper so weit wie möglich nach hinten drücken. Die Kraft muss im Bauch gehalten werden.
- Versuche die Balance zu halten und strecke die Arme so weit wie möglich nach oben.
- Wedele mit den Armen in der Luft.

Position 3: Der schwebende Bogen

- Diese Position startet festgekrallt an einem Gegenstand.
- Ein Elternteil versucht, das Kind langsam vom Gegenstand zu trennen und hebt es dabei leicht an.
- Strecke jetzt dein Brustbein nach vorne.
- Das Steißbein zieht in Richtung deiner Fersen. Atme dabei in den Raum zwischen deinen Schulterblättern.
- Wirf den Kopf in den Nacken.

Position 4: Die Kerze des Aufstands
- Stehe aufrecht.
- Atme kontinuierlich ein, während du die Arme gestreckt Richtung Boden führst.
- Die Finger sind dabei zu Fäusten geballt.
- Die Knie sollten etwa hüftbreit geöffnet sein.
- Spanne die Bauchmuskulatur an und halte deinen Körper gerade.
- Versuche, zwanzig Atemzüge so zu verweilen.

Manche Menschen finden mich komisch

Familientrendsportart Clogging
Wir tragen sehr gerne Holzclogs. Sie sind robust und bequem und die mir einzige bekannte Unisex-Schuh-Variante. Zugegebenermaßen klappert es, wenn wir zu fünft über unseren Dielenboden laufen, ziemlich laut. Wenn man das rhythmisch tut, kann man damit aber auch Musik machen. Es war nur eine Frage der Zeit, bis wir »Clogging« entdeckten. Clogging ist ein Stepptanz, welcher sich in Nordamerika großer Beliebtheit erfreut. Entwickelt hat sich dieser Tanz aus verschiedenen europäischen Volkstanzformen. Es gibt zahlreiche Unterarten – allen Varianten ist jedoch gemein, dass der Takt der Musik durch ausgeprägtes Stampfen begleitet wird. Clogging unterscheidet sich außerdem vom normalen Stepptanz durch spezielle Platten an den Schuhen. Das Besondere an den »Cloggingtaps« ist, dass bereits ein Geräusch entsteht, wenn man den Fuß nur durch die Luft bewegt.

Kind 3 spielt Schlagzeug, und mein Mann und ich jodeln zu dem Paar-Clogging von Kind 1 und 2. Das macht wirklich riesigen Spaß, und ich gehe davon aus, dass wir in naher Zukunft als die »Five Fantastic Clogs« auftreten und unseren Lebensunterhalt damit bestreiten können. Wir haben uns ein beachtliches Repertoire an unterschiedlichen Choreographien erarbeitet, weil wir die verschiedensten Musikgenres durchprobiert haben. In der Zwischenzeit beherrschen wir ein abendfüllendes Programm, bei dem für jeden Geschmack etwas dabei sein sollte. Übung macht eben den Meister, und besonders am Wochenende stehen wir früh auf, um unser ganzes Programm komplett durchzuproben. Das ist hart, denn manchmal würden die Kinder gerne länger schlafen, aber da müssen wir streng sein, schließlich wollen wir einmal reich werden. Deswegen kennen wir kein Erbarmen und wecken die Kinder oft schon um 5 Uhr.

Dafür sollten unsere Nachbarn unter uns Verständnis haben. Immerhin werden wir nach unserem künstlerischen Durchbruch in eine freistehende Villa inmitten eines Waldgrundstücks ziehen und dann niemanden mehr stören. Etwas Geduld also, und das Problem löst sich von alleine.

So ungefähr stellen sich unsere Nachbarn uns wohl vor.

Tatsächlich ist es so, dass uns klar ist, dass die Wohnung unter uns vermutlich nicht der friedlichste Ort auf dieser Welt ist. Aber wir tragen schon keine Hausschuhe, sondern laufen auf Socken durch die Wohnung. Wenn die Kinder etwas spielen, das Geräusche machen könnte, müssen sie auf den Spielteppich. Die drei am häufigsten ausgesprochenen Sätze in unseren vier Wänden lauten: »NICHT RENNEN!«, »HEY! Nicht springen, auf keinen Fall springen« und: »Nein, das könnt ihr jetzt nicht machen, denkt bitte an die Nachbarn.«

Unter der Woche vor 8 Uhr und am Wochenende vor 10 Uhr zählen zu den erlaubten Beschäftigungen lediglich: Puzzeln, Lego, Kartenspielen und Lesen. Blöderweise ist das Kinderzimmer in der Nähe des Schlafzimmers der Nachbarn. Meistens geht dann der Elternteil, der mit Aufstehen dran ist, mit den Kindern, die bereits wach sind, in die Küche oder in unser Wohnzimmer.

Unter der Woche sind wir jeden Tag um spätestens 8 Uhr aus dem Haus und in neunzig Prozent der Fälle nicht vor 17 Uhr zurück. Um 20 Uhr schlafen die Kinder in der Regel. Nur am Wochenende sind wir im Winter gelegentlich den ganzen Tag in unserer Wohnung, und auch wenn wir tagsüber Kinderbesuch haben, erlauben wir »normales« Spielen.

Ich finde uns wirklich rücksichtsvoll. Für mich ist es normal, dass man in der Innenstadt in einer mehretagigen Mietwohnung andere Menschen hört. Wir hören die Waschmaschine und die Dolby-Surround-Anlage der Nachbarn oben. Wir hören die Nachbarn unten mit Vorliebe abends und nachts laut Musik hören. Wir hören die WG schräg unter uns Partys feiern, den verrückten Nachbarn im Seitenflügel über den Sozialismus schimpfen, und im Sommer hört man im Hinterhaus eine Menge fröhlich kopulierender Paare, was bereits sorgenvolle Nachfragen der Kinder nach sich gezogen hat. Wir hören andere Kinder spielen und Babys schreien. So. ist. das. eben.

All diejenigen, die Familien wie uns hassen, weil wir ihnen auf die Nerven gehen – es tut mir leid – aber was soll man tun? Ich kann und will meine Kinder nicht den ganzen Tag zwingen, stillzusitzen. Ich habe kein Geld, um eine Schallisolierung auf den Fußboden zu montieren, und ich werde auch nicht flächendeckend hässlichen Teppich auf die schönen Holzdielen legen. Und wer unbedingt klagen möchte, der verklagt bitte nicht die Familien, sondern die Bauherren mit Verweis auf die DIN-Norm 4109, in welcher die Höhe des baurechtlich geforderten Schallschutzes niedergelegt wurde. Oder einfach ein bisschen Verständnis haben, das ginge natürlich auch.

Mentalhygienische Infantilitätsfantasien

Die Kindheit hat unendlich viele Vorzüge. Da sei nur die absolute Sorglosigkeit genannt. Keine Zukunftsängste, keine Geldsorgen, kein Beziehungsstress – nur harmlose Fragen und dank Mami und Papi auf alles eine Antwort.

Es gibt nicht mal Zeit. Sie ist einfach da und vergeht. Man weiß *gestern* nicht von *heute* oder *morgen* zu unterscheiden. Pflichten gibt es wenige, Rechte dagegen viele, und man ahnt noch nicht, dass dieses Verhältnis eines Tages unwiderruflich kippt.

Der Alltag ist mit Wundern gespickt. Es gibt ständig Neues zu entdecken, und man wird sogar für das Erzeugen von Körpergeräuschen gelobt.

Ist das nicht himmlisch?

Was ich jedoch am meisten neide, sind die sozial akzeptierten Gefühlsausbrüche. Sei der Ärger auch noch so klein, er wird nicht heruntergeschluckt. Man ist frei von Lügen, und es gibt keinen Platz für schakalische Diplomatie. Wenn die Enttäuschung kommt, sprudeln die Tränen und bilden kleine Bäche, die über das Gesicht rinnen. Der Rotz läuft salzig in den Mund, der weit offen steht und den Missmut meistens akustisch mit einem herzlichen Rääähhhbääähhh unterstützt. Von einer Sekunde auf die andere. Eben noch gelacht, dann wurde das durch die Goldwaage austarierte Gemütsgleichgewicht aus der Balance gebracht, und man kann sich seelenwund die Augen rot flennen. In langweiligen, nicht enden wollenden Sitzungen wünsche ich mir oft, wir wären alle noch so ungefiltert wie Kinder.

Der Leiter moderiert die Arbeitsgruppe an: »Ja, der Herr Schmidt, der stellt uns heute die aktuellen Verkaufszahlen vor. Da wir uns alle kennen, würde ich vorschlagen, wir beginnen gleich. Herr Schmidt …«

Herr Schmidt: »Will nich.«

Leiter: »Herr Schmidt!«

Herr Schmidt: »Wihillabbanich!«

Leiter: »Wenn Sie jetzt nicht die Verkaufszahlen vorstellen, dann, dann ähhh …«

Herr Schmidt: »Ja?«

Leiter: »… gibt es keinen Nachtisch in der Mittagspause!«

Herr Schmidt bricht in Tränen aus: »Aaaabber ich, ich wääähhhhh …«

Frau Paul tauscht im Hintergrund einen besonders schönen Popel mit Herrn Kraus.

Leiter: »FRAU PAUL!«

Frau Paul: »Ja, aber der Herr Kraus, der hat die besten Popel!«

Leiter: »Ich will aber nicht, dass Sie hier Popel tauschen!«

Herr Kraus: »Bist ja nur neidisch! Hähä!«

Leiter bewahrt Fassung: »Herr Schmidt, wären wir dann so weit mit den Verkaufszahlen?«

Herr Schmidt wischt sich die Nase am Anzugärmel ab und mustert verträumt die Rotzspur.

Sein Gesicht erstrahlt: »Frau Paul, willst du mal meinen sehen? Der ist viel besser als der vom Kraus!«

Leiter: »Herr Schmidt, die Verkaufszahlen!«

Frau Seidel bricht nun ebenfalls lautstark in Tränen aus.

Leiter: »Frau Seidel?«

Frau Seidel, schluchzend: »Mir is aber sooo laaangweilig!«

Leiter: »Nicht weinen, der Schmidt, der fängt gleich an, nicht, Herr Schmidt?«

Das Gesicht von Herrn Schmidt versteinert. Die Augen werden groß und größer. Herr Schmidt krakeelt los: »Ich hab mich eingepullllläääärt!«

Leiter: »Die Sitzung ist geschlossen.«

Verglichen mit den üblichen Sitzungen, wären solche freilich nicht effektiver, aufgrund der Kürze aber wesentlich billiger. Rechnen Sie mal. Wenn Paul, Schmidt, Seidel und Kraus 4000 € brutto im Monat verdienen, so kostet eine Arbeitsstunde 25 €. Die vom Leiter 60 €. Wenn sich die Arbeitsgruppenzeit von vier Stunden auf zwanzig Minuten reduziert, kostet eine Sitzung nur noch 53,30 €. Das macht für das Unternehmen allein in dieser Abteilung bei durchschnittlich vier Arbeitssitzungen pro Monat eine Ersparnis von rund 2436,70 €! Und für die Mentalhygiene wäre es ohnehin viel besser.

Lass keine Fremden in deine Wohnung
Handwerker und sonstige Menschen, die ich in meine Wohnung lassen muss, wenn ich alleine bin, erscheinen mir von Grund auf verdächtig. Deshalb verstecke ich dann vorsichtshalber eine gusseiserne Pfanne im Wohnzimmer, um sie notfalls niederzuschlagen, und telefoniere mit meinem imaginären Freund, der gerade auf dem Heimweg von seinem letzten bestandenen schwarzen Gürtel einer beliebigen Kampfsportart ist: »Hallo Schatz? Du bist gleich da? Toll! Und den schwarzen Gürtel hast du auch bestanden? Super!«

Wenn es klingelt, luge ich durch den Türspion und frage zunächst alle relevanten Daten ab. »Firma? Uhrzeit des vereinbarten Termins? Rufnummer der Zentrale?« Als Nächstes muss der Handwerker dann den Werkzeugkoffer im Hausflur langsam auspacken und laut und deutlich die Namen aller Werkzeuge sagen, bevor er mir einige exotische Ersatzteile präsentiert.

Erst dann öffne ich die Tür, bitte ihn, sich eine Augenbinde umzumachen, und führe ihn, nachdem ich ausführlich getestet habe, dass er auch wirklich nichts sieht, durch den verdunkelten Gang in den Raum mit dem defekten Gerät. Alle anderen Gegenstände habe ich selbstverständlich aus dem Raum entfernt.

Wenn er nämlich kein psychopathischer Mörder ist, so ist es doch wahrscheinlich, dass es sich bei ihm um einen ausgebufften Dieb handelt, der bei seinen Montagen Wohnungen auf Wertgegenstände ausspioniert. Es ist deswegen besser, wenn er nicht weiß, was wir alles haben. Außerdem kann er sich so auch viel besser konzentrieren, denke ich.

Kaum dass er beginnt, das Gerät in Augenschein zu nehmen, fange ich an zu jammern, dass es hoffentlich nicht viel kostet, wir wären ja so arm und hätten aufgrund unserer horrenden Schulden bereits alle Wertgegenstände bei eBay versteigern müssen.

So gehe ich zum einen sicher, dass er schnell arbeitet und keine unnötigen Handgriffe macht, und zum anderen wird er seinen Komplizen hinterher melden, dass bei uns wirklich rein gar nichts zu holen sei.

Mir dünkte schon seit längerem, dass Handwerker mich aufgrund dieser Verhaltensweisen ein wenig seltsam finden könnten.

Seit ich den Säugling habe, bin ich mir da sogar sicher.

Der schlief gestern im anderen Zimmer, und ich eilte im Minutentakt zwischen Küche, wo der defekte Herd stand, und Wohnzimmer, wo der schläfrige Säugling lag, hin und her.

Der arme Handwerker hatte jedoch keine Ahnung, dass außer mir noch jemand in der Wohnung war. Mein Hin- und Herwandern machte ihn ein wenig nervös. Und er schaute durchaus irritiert, als ich ihn aus dem anderen Zimmer leise »Schatz« und »Mausepups« nannte. Deutliche Verwunderung spiegelte sich in seinem Gesicht aber, als ich von der Küche aus rief: »Wenn du fertig bist, dann darfst du nackig auf der Kuscheldecke liegen, ja?«

Dabei starrte ich selbstverständlich ihn an, er sollte schließlich nicht denken, dass er mir da ein Ersatzteil verbauen könnte, was ich am Ende gar nicht benötigte.

Er versuchte sich nichts anmerken zu lassen und ignorierte mein Gefasel. Doch als er beim Ausfüllen seines Schadensbehebungsformulars einen Schnuller auf der Küchenanrichte entdeckte, zeichnete sich deutliche Erleichterung in seinem Gesicht ab.

Trotzdem suchte er schnell das Weite. Ich nehme an, ihm war das gewetzte Brotmesser in meiner rechten Hand suspekt.

U8

Für alle, die bei »U8« noch an eine U-Bahn denken – ihr habt wohl keine Kinder? U ist in diesem Fall die Abkürzung für – ja was eigentlich – Untersuchung – Vorsorgeuntersuchung für Säuglinge, Kleinkinder und Kinder genauer gesagt.

Die Vorsorgeuntersuchungen sollen sicherstellen, dass Defekte und Erkrankungen von Kindern, insbesondere solche, die eine regelkonforme körperliche und geistige Entwicklung des Kindes gefährden, möglichst schnell durch einen Kinderarzt erkannt werden, um früh unterstützend eingreifen zu können. Es gibt insgesamt elf Termine. Die U8 findet im Idealfall zwischen dem 46. und 48. Lebensmonat statt. Das Kind ist dann also fast oder genau vier Jahre alt.

Unsere Kinderärztin ist aus den Zeiten, in denen in unserem Land noch Zucht und Ordnung herrschten. Wir bleiben trotzdem bei ihr. Sie versteht im Gegensatz zu unserem vorangehenden Arzt, der sich vor allem in seinem Ruf als Hipsterarzt aalte und sich immer weniger mit den Kindern befasste, etwas von ihrem Fach – also zumindest rein medizinisch. Das Personal ist freundlich, man muss sich auch nur ein halbes Jahr vorher einen U-Termin sichern, und es gibt ein großes Wartezimmer mit vielen Spielsachen.

Leider stimmt die Chemie zwischen der Ärztin und Kind 3 nicht so richtig, und weil Kind 3 nun mal sehr lebhaft und fantasiebegabt ist, gab es bei der U8 zwischen ihnen die ein oder andere Meinungsverschiedenheit.

Um den Entwicklungsstand des Kindes festzustellen, werden vor der allgemeinen Untersuchung durch die Ärztin bestimmte Tests durchgeführt. Wir hatten trotz Termin rund eine Stunde gewartet. Die Testung selbst dauerte rund vierzig Minuten, danach kam die Ärztin rein und prüfte den Gesundheitszustand des Kindes. Für meine Begriffe war Kind 3 recht kooperativ. Es war sehr aufgeregt und glich daher einem Flummi. Es zappelte und brabbelte, was die Ärztin veranlasste, mich in regelmäßigen Abständen Dinge wie: »Regeln? Gibt es bei Ihnen zuhause so etwas?« oder »Ihnen gefällt seine lebhafte Art, ja?« zu fragen.

Ich lächelte dann milde und dachte mir, ich bin schließlich nicht gekommen, um mich über Erziehung und die Parameter von Wohlgeratensein auszutauschen, und sagte »Jaja« oder: »Hmdochdoch«. Persönlich hat mich die U-Untersuchung aber gut unterhalten.

Ärztin: »Jetzt wollen wir doch mal sehen, ob du schon einen Menschen malen kannst!« Sie reicht Kind 3 ein Blatt und einen Stift.

Kind 3 malt.

Ärztin: »Da fehlt aber was!«

Kind 3: »Stimmt! Die Augenbraue«, und Kind 3 korrigiert die Zeichnung.

Ärztin: »Da fehlt immer noch was. Schau, du hast Augen und einen Mund gemalt – aber das Gesicht braucht noch …?«
Kind 3: »Hmmmm …«

Ärztin: »Na, schau mal, was du im Gesicht hast. Augen, Mund und ….«
Kind 3: »Nase!«
Ärztin: »AHA! Dann mal die mal noch.«
Kind 3: »Nein.«
Ärztin: »Warum nicht?«
Kind 3: »Das ist ein Pobeißer. Wenn du möschtest, mal isch noch einen Hund. Hunde können gut riechen. Der riescht dann für den Pobeißer mit.«
Die Ärztin macht sich Notizen.

—

Die Ärztin zeigt Kind 3 ein Schaf: »Was ist das?«
Kind 3: »Eine Ziege.«
Ärztin: »Na ja fast, es ist viel flauschiger. Deswegen ist es ein …«
Kind 3: »Eine FLAUSCHZIEGE!«

—

Die Ärztin hat eine bunte Mischung an Tieren ausgepackt. Darunter Schaf, Schwein, Esel, Kuh, Tiger, Elefant, Giraffe.

Ärztin: »Zeig mir mal die Tiere, die auf einen Bauernhof gehören.«

Kind 3 zeigt auf Schwein, Esel, Elefant.

Ärztin: »Nein, der Elefant nicht! Bauernhof! Das ist kein Bauernhoftier.«

Kind 3: »Ist es wohl. Dschungelbauernhof. Der Elefant ist zogar ein Arbeitstier.«

—

Ärztin: »Was ist das für eine Form?«
Kind 3: »Ein O.«
Ärztin: »Nicht Buchstabe! Form!«
Kind 3: »Rund?«
Ärztin: »Form!«
Kind 3: »Das hat keine Ecken.«
Ärztin: »Ein Kreis! Das ist ein Kreis.«
Kind 3: »Stimmt. Das hast du rischtisch gesagt.«
Die Ärztin zeigt ein Dreieck: »Male mir bitte ein Dreieck.«
Kind 3 malt:

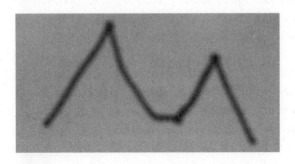

Das Kind hätte wohl große Probleme, Instruktionen zu befolgen. Ob es auch sonst alles infrage stelle? Es hätte ja immerhin einen ganz guten Wortschatz. Und Fantasie.

Immerhin!

Der rote Ballon

Kürzlich ist mir aufgefallen, dass alle Misanthropen hässlich sind. Dabei verhält es sich ein bisschen wie bei der Sache mit den Röhrenjeans, die Max Goldt beobachtet hat. Man wird nie wissen, ob die Drogenabhängigen am Bahnhof gerne Röhrenjeans tragen oder ob sie erst Röhrenjeans tragen und dann mit den Drogen anfangen, weil sie die Schmerzen, die die viel zu engen Hosen verursachen, sonst nicht aushalten können.

Es stellt sich also die Frage, ob Misanthropen erst hässlich sind und aus diesem Frust heraus beginnen, andere Menschen zu hassen, oder ob sie die Menschen erst hassen und dann vor lauter Hass hässlich werden.

Zumindest etymologisch hängt das zusammen. Hässlich kommt von »hetlik« und bedeutet »Hass erregend«. Erst in frühneuhochdeutscher Zeit wandelt sich das Wort »hässlich« zu dem Gegensatz von »schön«.

Jedenfalls gehen mir die freilaufenden Misanthropen besonders im Sommer auf die Nerven. Je besser man selbst gelaunt ist, desto eher zieht man einen dieser Gewitterwolken vor sich hertreibenden Menschen an.

So kam ich heute zum Beispiel mit dem Kind fahrradfahrend vom Spielplatz. Wir fuhren die Karl-Marx-Allee entlang, deren Fußgängerweg circa fünfzehn Meter breit ist. Schließlich mussten dort alle Bürger der DDR hinpassen, wenn man mit den Panzern auf der Straße Parade fuhr, um dem Westen säbelrasselnd zu zeigen, wer man war.

Wir fuhren Schlangenlinien. Große gegenläufige Schlangenlinien, die wir akustisch mit »AhhhhaaaaaaaaaaahhhAAAAAAAAHHHHHHH aaaahhhhhAAAAAAAAHHHHHH« untermalten.

Da kam eine Kolossfrau stampfend auf mich zugerannt, zog mich – ich schwöre! – vom Fahrrad und brüllte mich an, dass das Fahren auf dem Gehweg verboten sei. Ich entgegnete ihr zunächst freundlich, dass es vor allem mit einem Kind, das jünger als acht Jahre ist, nicht verboten sei. Doch, doch, das sei es, röhrte sie, dass mir Spuckefäden ins Gesicht flogen. Nein, nein, teilte ich ihr nun auch ein wenig aufgebrachter mit. Von mir aus möge sie doch gleich die Polizei rufen, da könne sie sich eine Lektion in Verkehrsrecht abholen.

Die Walküre packte mich am Arm und rief: »Na und? Aber Schlangenlinien sind Sie gefahren! Das dürfen Sie nicht!«

»Warum nicht? Ich störe doch niemanden. Weit und breit ist niemand, dem ich auch nur näher als drei Meter gekommen wäre!«

»Unverantwortlich ist das, dem Kind sowas beizubringen.«

»Das muss das Kind lernen, damit es Hindernissen ausweichen kann.«

»Der Gehsteig ist für die Fußgänger!«

»Der Gehsteig ist für alle, solange sie niemandem Schaden zufügen!«

»Unverantwortlich sind Sie! Verhaften sollte man Sie!«

Während das Weib so zeterte, fiel mir ein, dass ich dem Kind schon lange mal erklären wollte, was ein Misanthrop ist.

»Schau, liebes Kind, das ist ein Misanthrop«, sprach ich. »Ein Misanthrop ist im Gegensatz zum Philanthrop jemand, der die Menschen nicht leiden kann.«

»Ja, aber warum kann er keine Menschen leiden?«

»Das weiß niemand, nicht mal der Misanthrop selbst.«

»Komisch.«

»Ja, sehr komisch«, stimmte ich zu und wandte mich von der Hexe ab. Wir fuhren in Schlangenlinien davon, während der Misanthrop sich immer mehr aufregte, rot wurde, sich aufblähte und gen Himmel fuhr.

Aus der Ferne betrachtet, sah er aus wie ein Luftballon. Ein roter Luftballon, der ruhig in den blauen Himmel schwebte. So mag ich ihn viel lieber, dachte ich und brauste mit dem Kind davon.

Wege in die Jugendkriminalität

Albträume kann man auch im wachen Zustand erleben.

Nachdem wir den Kindergarten wechseln mussten, hatte das Kind endlich Anschluss gefunden und war zum Geburtstag des Anführers der Kindergartengruppe eingeladen worden. Nennen wir das Anführerkind einfach Paul – denn Paul, so heißt grob geschätzt jedes zweite Berliner Kind. Zumindest wenn es männlich ist. Paul jedenfalls veranstaltete eine Power-Ranger-Party. Eine ziemlich coole Sache also, und unser Kind gehörte zu dem exquisiten Kreis der Eingeladenen. Pauls Eltern hatten die Gäste nach dem Mittagessen einfach mitgenommen, und so musste ich eigentlich nichts anderes tun, als unser Kind pünktlich um 18 Uhr wieder abzuholen.

Da ich nicht wusste, wo Pauls Eltern wohnten, hatte ich, gut vorbereitet, wie ich gerne bin, die Abholadresse im Internet nachgeschaut und mir die möglichen Verkehrsverbindungen an meinen Zielort anzeigen lassen. Ich berechnete den zu erwartenden Fahrweg und verließ pünktlich um 17.20 Uhr das Büro. Einen kleinen Zeitpuffer hatte ich selbstredend eingeplant.

17.50 Uhr stieg ich an der entsprechenden U-Bahn-Station aus und begann meine Suche nach Hausnummer 234. Weit und breit nur ein- und zweistellige Hausnummern. Da ich kein Smartphone besaß, rief ich einen Freund an, der über Internet verfügte. Dieser informierte mich, dass sich die gesuchte Hausnummer entgegen meiner Informationen genau am anderen Ende der Straße befand. Hitze stieg in mir auf. In der Zwischenzeit war es 17.58 Uhr. Visionen eines weinenden Kleinkinds überkamen mich. Auf meinen hochhackigen Büroschuhen rannte ich klappernd die Straße entlang. In meinem Kopf formten sich Bilder. Das verlassene Kleinkind, vernachlässigt durch seine Eltern, die Laufbahn zur Jugendkriminalität unabwendbar vorherbestimmt. Bestimmt hatten Pauls Eltern unser Kind schon vor die Tür gestellt. Einsam stünde es dort im leeren Treppenhaus, unentschlossen, was es jetzt tun solle. Das Gesicht tränennass. Das Herz schwer, am ganzen Leib zitternd. Dann Cut – das Kind als Halbwüchsiger vor Gericht. Ein Gutachter, der entscheiden muss, ob nach Erwachsenen- oder Jugendrecht bestraft wird, nachdem das Kind einen Banküberfall oder Ähnliches begangen hat, befragt das Kind im Zeugenstand.

»Nun, jugendlicher Straffälliger, was kannst du mir über deine Kindheit sagen?«

(Die Lippe des straffällig gewordenen Jugendlichen zittert.)

»Junge, du kannst mir vertrauen, sprich es einfach aus.«

»Es, es, es ...« (Der jugendliche Straftäter bricht in Tränen aus.)

»Ja, gut so, lass es raus. Lass es alles raus!«

»Es, es, es war so SCHRECKLICH damals!«

(Therapeutisch versierter Gutachter setzt sich mitfühlend näher an Jugendlichen und legt die Hand auf seine Schulter.)

»Die Freundin meines Vaters sollte mich von einer Power-Ranger-Party abholen, aber SIE KAM NICHT.«

Ich schwitze, das arme Kind! Alle anderen sind bestimmt schon abgeholt worden. Nur das Kind meines Freundes sitzt einsam mit einem Geburstagshütchen vor der Haustür und weint. Ich laufe los. Nur noch 180 Hausnummern, das muss doch in ein paar Minuten zu schaffen sein!

Leider ist die Straße unfassbar groß und lang.

Ich laufe also und laufe und laufe. Ganz, ganz langsam. Wie in diesen Albträumen, in denen man sich unglaublich anstrengt, aber nicht weiterkommt. Zehn Minuten laufen, fünf Hausnummern vorankommen. Ich ziehe die Stöckelschuhe aus. Es beginnt zu schneien. Das ist mir egal. Meine Füße sind vom Laufen ganz heiß.

Ich blicke den Fahrradfahrern sehnsüchtig hinterher. Spiele mit dem Gedanken, einen von ihnen anzuhalten und zu bitten, mich mitzunehmen. Entschließe mich dann doch für die Variante, dem nächsten einfach in den Weg zu springen. Glück gehabt! Es ist ein junger, der durch das erzwungene Bremsmanöver gleich vom Fahrrad fällt. Er hat ein BMX-Rad. Kein Problem. Ich reiße mir die enge Anzughose vom Leib. Stecke meine teuren italienischen Schuhe in die Handtasche und rase los.

18.20 Uhr

Ich komme total verschwitzt in der 17. Etage eines Hochhauses an. Das Kind steht apathisch im Wohnungsflur. Sieben Power-Ranger rennen auf mich zu und werfen mich um. Die Eltern des Ober-Power-Rangers lächeln mich freundlich an.

»Na, vielleicht ein Bier?«, und deuten dabei in die Küche, wo mich die Väter der verbleibenden sechs Power-Ranger grinsend und rauchend mustern. Das Kind sagt mit monotoner Stimme: »Ich will nach Hause.«

Vierzehn Jahre später vorm Jugendrichter. Achtzehnjähriger bricht in Tränen aus:

»Ja, und da war diese Verrückte, die sprang einfach so auf den Fahrradweg und hat mir mein Fahrrad weggenommen. Das Fahrrad, auf das ich vier Jahre gespart habe und ... und ... wäähhhhh hhhäää hhäääää ...«

Ein Geschenk, ein Geschenk

»Ich erinnere mich noch gut, wie dein Kind sich *nicht* gefreut hat, weil ich gekauft habe, was du mir empfohlen hast«, sagt meine Freundin, Patentante von Kind 2, am Telefon. Es tut ein bisschen weh, aber sie hat nicht Unrecht.

Ich habe ein unsägliches Händchen für Kindergeschenke. Ich denke oft, ich habe eine grandiose Idee, und betreibe dann einen riesigen Aufwand, aber alles, was meine Kinder durch die Geschenke lernen, ist: »so verhalte ich mich sozial erwünscht«.

Es ist immer dasselbe. Mit glänzenden Augen reißen sie das Geschenkpapier auf und entdecken dann das in Kinderaugen lahmste Geschenk der Welt. Sie schlucken, atmen einmal tief durch, schauen mich dann an und sagen artig: »Danke, Mami«, bevor sie das nächste Geschenk auspacken.

So ist das Jahr für Jahr. Kind für Kind. In manchen Albträumen sehe ich ihre enttäuschten Gesichter vor mir und höre sie wie kleine Roboter im Kanon sagen: »D a n k e M a m i , d a s i s t w u n d e r w u n d e r s c h ö n.« Dabei sind sie seltsam farblos, und manchmal rinnt ihnen leise eine Träne über das kleine Kindergesicht.

Im Laufe seines Lebens hat jedes Kind eine ganz eigene Taktik herausgearbeitet, wie es mit meinen enttäuschenden Geschenken umgeht. Kind 1 ist dazu übergegangen, seine Wünsche Wochen vor den entsprechenden Schenkanlässen geschickt nebenbei ins Gespräch einzubauen. »So ein Google-Play-Store-Gutschein, das ist schon eine Sache, über die sich eigentlich alle Jugendlichen freuen. Man bekommt die Gutscheine dafür heutzutage sogar im Supermarkt. Wusstest du das? Unglaublich, oder?«

Ich nehme mir dann auch immer vor, brav in einen Laden zu gehen und den entsprechenden Gutschein zu kaufen, aber dann geht es irgendwie mit mir durch, und ich sehe ein TOTAL witziges T-Shirt, und na ja, dann ist das Kind wieder nur so semibegeistert.

Kind 2 packt mein Geschenk immer als Letztes aus. Dann sagt es sowas wie: »Oh! Ich habe SO viele Geschenke bekommen. Ich möchte, dass andere Kinder auch Geschenke haben. Deswegen möchte ich eines meiner Geschenke spenden. Ich wähle dieses hier (deutet auf meins).«

Ich meine, was soll ich da sagen? Rumschreien »JA GEHT'S NOCH? DAS IST DOCH MEIN GESCHENK?! DAS KANNST DU DOCH NICHT SPENDEN!!!«

Kind 3 hat die Angelegenheit sehr pragmatisch geregelt. Entweder es fällt schon beim Auspacken auf mein Geschenk und zerstört es dabei, oder es fährt zu einem späteren Zeitpunkt einmal beherzt mit dem Bobby-Car drüber, hält an und entsorgt die Einzelteile dann pflichtbewusst im Müll.

Ich weiß einfach nicht, warum das mit mir und den Geschenken so ist. Ich bin sonst ein ganz kreativer Mensch mit viel Feingefühl für die psychologische Charakterstruktur anderer.

Ich habe eine Freundin, die macht unglaubliche Geschenke. Wenn diese Geschenke ausgepackt werden, dann raunen alle »Ahhh!« und »Ohhhh« und »Wo hast du das denn nun wieder ergattert?«. Alle, die nicht Geburtstag haben, sind ein wenig neidisch, und das nächste Mal ist meine Freundin garantiert zur Geburtstagsfeier eingeladen. ALLE wollen ihre Geschenke. Wenn sie sagt, wo sie das gekauft hat oder wie sie das gebastelt hat, dann zücken alle ihre Handys, tippen die wichtigsten Informationen in die Notizen oder machen gleich Videoaufnahmen.

Ich habe mich immer gefragt, wie dieses Gefühl ist, wenn man etwas schenkt, was jemand anders wirklich eine Freude macht, und was soll ich sagen? Heute ist es mir gelungen. Ich habe Kind 3 ein Geschenk gemacht, das ihm gefallen hat. Zusammengerechnet mussten Patenkind und Geschwisterkinder beinahe drei Jahrzehnte dafür leiden. Aber ich bin optimistisch, dass ich es nochmal schaffen kann! Ich bin übersprühend vor Motivation! Zuversichtlich! Geschenkenthusiastisch gar.

Ach und wen es interessiert, was ich geschenkt habe: Ich habe ein grünes T-Shirt mit einem aufgebügelten Fuchs geschenkt. Kind 3 ist nämlich der größte Füchse-Berlin-Handball-Fan dieser Erde. Dieses Fantum überschattet all seine Urteilsfähigkeit. Alles, was grün ist oder was einen Fuchs aufgedruckt hat, ist gut! Ich vermute, es hätte sich über einen mit Gras verzierten, in den Sand gemalten Fuchs gefreut.

Aber egal. Ich war sowas von glücklich, als das Kind das Geschenk aufriss. Erst sah es aus wie immer. Die Augen weiteten sich, die Unterlippe zitterte, das Kind entfaltete das T-Shirt. »Was ist das?«

»Ein T-Shirt mit einem Fuchs«, sagte Kind 2 mitfühlend, und Kind 1 stand schon bereit, das weinende Geschwisterkind in die Arme zu nehmen.

»Ein Fuchs? EIN FUCHS? E I N F U C H S????«

Kind 3 jauchzte und jubelte. Es rannte über die Wiese und kam wie einer dieser Fußballer auf den Knien rutschend wieder zum Stehen! »EIN FUCHS! JAAAA! JAAA-HAAAAA!«

Es war außer sich vor Glück. Die Geschwister sprachlos. Und ich schwebe seitdem im Himmel der Menschen, die Geschenke machen können, über die andere sich freuen.

Vier Quadratmeter Bett

Wir werden immer wieder angesprochen, ob eine Vierzimmerwohnung für fünf Familienmitglieder nicht zu klein ist. Dazu kann ich nur sagen: im Gegenteil. Für uns genügen eigentlich zehn Quadratmeter – unser Schlafzimmer. Für mich sogar nur vier, um es genau zu sagen – unser Bett.

Ich lebe am liebsten in meinem Bett. Im normalen Leben geht das nicht, weil mein Mann keine Kloß- und Puddingreste im Bett mag. Aus Rücksicht esse ich deswegen, zumindest wenn die Familie vollständig ist, an einem Tisch.

Ist die Familie aber ausgeflogen, kann ich meiner wahren Lebensform nachgehen, dem Bettdasein. Mein Bett ist der schönste

Ort der Welt. Es ist nicht sinnlos schön, wie diese Betten in amerikanischen Filmen mit Satinüberwürfen und vierzig Zierkissen, die man Abend für Abend vor dem Zubettgehen entfernen muss. Es ist schön, weil ich dort alles machen kann, was mir Spaß macht. Im Internet surfen, Serien schauen, lesen, Kaffee trinken, essen. Wenn ich möchte, kann ich dort auch arbeiten oder mit den Kindern auf der Matratze hopsen. Das durfte ich als Kind bei meinen Eltern nie. Deswegen habe ich in dieser Beziehung noch einiges nachzuholen.

Die anderen Zimmer brauchen wir im Grunde nur für repräsentative Familienauftritte, wenn wir Besuch bekommen. Wie sähe das denn aus, wenn wir alle Gäste lediglich an unser Bett bitten würden. Deswegen stehen wir manchmal auf, kämmen unsere Haare, bügeln unsere Kleidungsstücke und zeigen uns von unserer besten Seite.

In Wahrheit aber wünschte ich mir, ich könnte immer an meinem Lieblingsplatz sein. Die Kinder wünschen sich das auch. Vor allem nachts. Da ist unser Bett eigentlich das Reich der Kinder. Das jüngste kommt schon gegen Mitternacht auf meine Seite gekrochen. Es legt dann zärtlich seinen Kopf auf meinen Kopf und schiebt seine Füßchen in den warmen Nacken meines Mannes. Dann faltet es seinen kleinen Körper langsam, aber unaufhaltsam auseinander, bis es sich schließlich querliegend in seiner vollen Länge ausgestreckt hat. Hat es diese Position erreicht, schläft es tief und fest bis zum nächsten Morgen. Damit es nicht wach wird, bleiben wir regungslos auf unseren Bettkanten liegen und warten auf die ersten Sonnenstrahlen.

Manchmal kommt auch das mittlere Kind zu uns, um sich zu wärmen. Das mittlere Kind ist in der Nacht kalt wie ein Eisblock. Die Körperkerntemperatur beträgt maximal zwölf Grad. Wenn das Kind mich berührt, habe ich eigentlich den Impuls, wild um mich zu schlagen und zu schreien. Aber die mütterliche Liebe ist grenzenlos, und so beiße ich die Zähne zusammen, bis mir die Augen tränen, und halte die Berührung aus, bis sich das Kind auf circa 36,8 Grad erwärmt hat.

Wenn die Sonne endlich aufgeht, wünschte ich oft, ich hätte eine Fernbedienung, mit der ich die Kaffeemaschine anstellen könnte, und ein kleiner Roboter brächte mir eine große Tasse Milchkaffee. Dann wäre mein Leben im Schlafzimmer perfekt.

Wenn man Kinder hat, fällt (fast) alle Peinlichkeit der Vergangenheit von einem ab

Mein erstes Kindergartenfest

Kindergartenfest, das geht so: Man nimmt den Garten des Kindergartens und macht daraus einen Essen- und Trinkparcours. Zwischendrin stellt man einen Stand zur musikalischen Früherziehung auf. Für ein Kind, das gerne isst (circa eins aus tausend), ein Spießrutenlauf.

Kind 1: »Kann ich Würstchen haben?«

Ich: »Nein.«

Kind 1: »Kann ich Schokolade haben?«

Ich: »Nein.«

Kind 1: »Kann ich Eis haben?«

Ich: »Nein.«

[…]

Ich: »Gibt es denn nichts anderes als Essen hier? Lass uns doch was zusammen spielen!«

Kind 1: »Kann ich was trinken?«

Ich: »Hmpf. Na gut.«

Wir kommen an einen Stand mit mehreren Gefäßen, auf denen steht süß, sauer, bitter. Daneben stehen Plastikbecher, Fassungsvermögen 0,5 Liter.

Kind 1: »Welche darf ich denn?«

Ich: »Sauer.«

Kind 1 nimmt einen Plastikkübel, schüttet ihn fast voll und

trinkt ihn in großen Zügen aus. Anschließend die Kindergärtnerin: »Das is aber nich für wenn man Durst hat, nä? Das is nur zum Probieren! Das hier ist doch der Stand Geschmacksgrundrichtungen, nich?!«

Ich: »Was ist denn da drin?«

Kindergärtnerin: »Zitronensaftkonzentrat.«

Kind 1 leckt sich die Lippen: »Lecka!«

Ich grüble, ob das Kind jetzt sterben wird, und entscheide, das Ganze muss a) verdünnt und b) neutralisiert werden. Wir halten Ausschau nach dem echten Trinkstand, der schnell gefunden ist. Vor uns stehen mehrere Eimer mit Flüssigkeiten in den Grundfarben des Regenbogens. Am Grund schwabbelt Zucker. Wie gesund! Gut, dass hier auf Ernährung geachtet wird, denke ich, als das Kind bereits den 0,5-Liter-Becher durch die Waldmeisterbrause gezogen hat und diese ebenfalls auf ex wegkippt. Wenigstens wird es jetzt nicht sterben.

Wir gehen weiter. Kind 1 greift unvermittelt meine Hand, reißt blinzelnd die Augen auf und sagt liebevoll: »Alles Gute zum Muttertag!«

Ich: »Heute ist nicht Muttertag, und deine Mama bin ich doch auch nicht.«

Kind 1: »Egal. Alles Gute! Ichhabdichebenliebkannicheinstückkuchenhaben?«

Ich: »Nein.«

Das eben noch strahlende Kindergesicht versteinert sich und verzerrt sich zu einer Grimasse. Das Kind heult auf, die Tränen spritzen regelrecht aus den Augen.

(Kennt jemand die Simpsons-Folge mit den Androiden, die weinen lernen und deren Köpfe dann leider explodieren, weil das Wasser Kurzschlüsse verursacht? Genau so!)

Das Kind reißt sich von der Hand und will weglaufen. Ich

greife nach dem Arm. Es brüllt, kreischt und heult, schüttelt sich, verliert das Gleichgewicht, stürzt zu Boden. Entgeistert blicke ich das Kind an, gehe in die Hocke, lächle und strecke meine Hand aus.

Das Kind rollt sich auf den Rücken und kriecht wie ein hysterischer Krebs vor mir weg. Im Rückwärtsrobben schreit es: »Nein, Naaaain, naaaaaaAAAAAAAAAAiiiiin, lass mich!«

Die Szene erinnert mich an irgendeinen Horrorfilm. Das Opfer ist nach verzweifelter Flucht bereits umgefallen, und nun versucht es sich rückwärtskriechend vor dem nahenden Monster zu retten. Das Monster ist jedoch gnadenlos und verschlingt das unschuldige Opfer.

Ich lache und blicke auf. Etwa sieben total entsetzte Elternpaare starren mich an: »Was machen Sie denn da mit dem ARMEN Kind?«

Ich fühle mich schlecht, bin kurz davor, an den Stand zu laufen und über den Lärm hinwegzuschreien: »Hier haben Sie einen Hunderteuroschein, geben Sie dem Kind, was es will! Packen Sie alle Kuchen ein, wir nehmen sie mit nach Hause, die soll es von nun an und in alle Ewigkeit zum Frühstückmittagabendessen geben!«

Ich bin kalt und herzlos wie die Schneekönigin. Wenn das Kind als Erwachsener gaga wird, werde ich mich persönlich beim Psychoanalytiker entschuldigen gehen.

Arschbombe

Geschwister zu haben ist eine sehr schöne Sache. Nie ist man alleine, immer ist jemand zum Spielen da. Die großen Kinder können ihre Sozialkompetenzen entwickeln, und die Kleinen können sich bestimmte, noch nicht erworbene Fähigkeiten abschauen.

Schimpfwörter benutzen zum Beispiel.

Genau wissen wir nicht, wie Kind 3 zu dem Wort Arschbombe gekommen ist. Wir vermuten, es geschah im letzten Sommerurlaub, als wir alle zusammen im Freibad waren. Da zeigte sich Kind 1 schwer begeistert, als es einen Sprungturm entdeckte. Die ersten sieben Male, die Kind 1 vom Fünfmeterturm sprang, waren wir noch entzückt. Die folgenden fünf Male mimten wir zumindest Interesse. Was die folgenden zwanzig Male passierte, wissen wir nicht genau, weil wir kurz am Beckenrand eindösten. Wir nehmen an, dass Kind 1 die Sprungpositionen variierte, und da muss es passiert sein: Es muss vor den Augen des Familienjüngsten eine Arschbombe gemacht haben.

Ab da schrumpfte der Wortschatz von Kind 3 rapide. Statt »Danke« sagte das Kind »Arschbombe«. Zum Beispiel so:

»Kansch bitte den Saft haben?«

Kam man der Bitte nach: »Arschbombe.«

Aus jedem Gruß wurde »Arschbombe«. »Arschbombe« zu Freunden, »Arschbombe« auf der Straße gegenüber Fremden.

Auch Liebesanfälle wurden unter »Arschbombe« subsumiert. Weil es ein zweites Eis erhalten hatte, fiel mir Kind 3 beispielsweise überglücklich in den Arm: »Du Arschbombe, Mama!«

Wir versuchten alles, was die pädagogische Zauberkiste zu bieten hatte. Zunächst baten wir darum, das Wort nicht auszusprechen. Als unserem Bitten nicht nachgekommen wurde, versuchten wir es mit Strenge: »Wir wollen dieses Wort nicht mehr hören. Damit ist jetzt Schluss.«

»Arschbombe!«

Ich nahm sogar mein verstaubtes Lehrbuch der Entwicklungspsychologie aus dem Regal und studierte behavioristische Theorien. Abends im Bett erläuterte ich dem Kindsvater dann das Prinzip von negativer Verstärkung und empfahl Löschung. Wir müssten aufhören, das Wort mit Aufmerksamkeit zu belohnen. Nur wenn wir es ignorieren würden, würde das Kind damit aufhören.

»Möchtest du ein Brot?«

»Sehr gerne, Mama, du Arschbombe!«

Tapfer sah ich darüber hinweg. »Mit Wurst und Butter?«

»Ja, Arschbombe!«

Betont desinteressiert servierte ich das Frühstück.

»ARSCHBOMBE!«

Bis wir im Kindergarten ankamen, war das Wort mehrere Dutzend Male ausgesprochen worden. Kind 3 zog sich um und stellte gerade die Straßenschuhe ins Regal, als der Kindergartenfreund ankam. »Arschbombe!« – »Arschbombe!«, grüßte dieser zurück. Da gab es kein Halten mehr. Die beiden Kinder wälzten sich vor Lachen am Boden. Die Mutter des Freundes schaute genervt. »Ich möchte mal wissen, wo sie dieses entsetzliche Wort herhaben!«

»OH JA! DAS möchte ich auch wissen!«, empörte ich mich. Ein wenig peinlich berührt war ich dennoch.

Dann kam einer der Neuankömmlinge des Kindergartens an. Anderthalb Jahre ungefähr. »Mama«, »Papa«, »Ball« konnte das Kind sagen. Und »Aschbombe«. Die Eltern waren bestimmt hocherfreut. In den darauffolgenden Wochen waberte das Wort von Kind zu Kind und fraß sich durch deren Wortschatz. Auch die Geschwisterkinder grüßten sich in der Zwischenzeit mit einem High Five, das von dem Wort »Arschbombe« begleitet wurde.

In der Kohl-Ära aufgewachsen, wusste ich, dass nur eines helfen würde: aussitzen. Die Sache mit der Arschbombe müsste ausgesessen werden.

Und tatsächlich. Nach Monaten verschwand das Wort bei Kind 3 so plötzlich, wie es gekommen war. Bei den anderen Kindern blieb es noch einige Wochen. Als der erste Schnee fiel, war der Spuk endgültig vorbei.

Du Arschbombe!

Aua! Aua!

Ich liebe Berlin, und ich liebe die Art, wie man in Berlin leben kann. In Altbauten mit hohen Decken, Holzdielen, mit wunderbaren Innenhöfen und all den bunten und unterschiedlichen Menschen. Wenn man nicht unbedingt in Mitte oder im Prenzlauer Berg wohnen möchte, kann man das sogar zu bezahlbaren Preisen haben, und zwar durchaus ohne gebürtiger Schwabe zu sein. Als ich nach Berlin zog, das war Anfang des neuen Jahrtausends, da habe ich in Wedding in einem Arbeiterviertel gewohnt.

Dort wohnten auch sehr viele türkische Familien. Im Sommer saßen die Frauen vor ihren Häusern auf der Straße und unterhielten sich. Die Kinder spielten unbeschwert auf den kaum befahrenen Straßen Ball und malten die Gehwege mit Kreide bunt. Damals selbst noch kinderlos, fühlte ich mich sehr an die Urlaube meiner Kindheit in Italien erinnert.

Dann zogen wir nach Ostberlin. In eine ebenso schöne, wenngleich auch andere Gegend. Viele junge Leute, Studenten-WGs, es gibt öfter mal laute Partys im Haus, aber uns macht das nichts, denn unsere Kinder sind auch durchaus gut hörbar, und so lebt jeder sein Leben. Ich liebe Berlin zu allen Jahreszeiten. Den bunten Herbst, der aufgrund der Nähe zu Russland und des damit verbundenen Kontinentalklimas bis weit in den Oktober warm ist. Die Blätter fallen und bedecken die zahlreichen Hundehaufen auf der Straße, und es duftet überall nach Kohleöfen. Die Baumhaseln und Kastanien werden reif und plumpsen leise ploppend auf die parkenden Autos. Den Winter, wenn alles wochenlang zugeschneit ist und die Stadtreinigung jedes Jahr von neuem vom Wintereinbruch überrascht wird und deswegen nicht dazu kommt, den Schnee zu räumen, und man die Kinder dann mit einem Husky-Schlitten in den Kindergarten und zur Schule bringen kann.

Den Frühling, wenn beim ersten Sonnenstrahl bei zwölf Grad plus sich die Menschen die Klamotten vom Leib reißen und ungeachtet der tatsächlichen Temperaturen sonnenbrilletragend durch die Straßen schlendern und auf den ersten Mai warten, um endlich wieder ins Freibad gehen zu können.

Und am allermeisten liebe ich natürlich den Sommer in Berlin. Es ist warm, und es gibt so viele Seen, dass man jeden Tag einen anderen besuchen könnte und trotzdem in zehn Jahren nicht alle gesehen hätte. Die Parks sind wunderbar überfüllt, und wenn man Bratwürstchen bei sich trägt, dauert es keine zehn Minuten, bis man jemanden trifft, den man kennt und der bereits einen Grill angezündet hat, sodass man seine Würstchen einfach dazuwerfen kann.

In den eignen vier Wänden ist der Sommer in Berlin für mich in erster Linie ein Geräusch. Ein Hinterhof voller Menschenstimmen, Geschirr- und Besteckklappern, Musik, Gelächter und Stimmenwirrwarr.

Wenn es um Geräusche geht, bin ich nur selten genervt. Eine Ausnahme bilden allerdings Kopulationsgeräusche. Ich habe nichts gegen Sex – ich bin ja durchaus noch in dem Alter, in dem man sich auch selbst für Sex interessiert –, aber kann man da bitte a) das Fenster schließen oder b) leise sein?

Leider ist vor einiger Zeit der größte Stecher Berlins in unseren Hinterhof gezogen. Jedenfalls wenn es nach dem Paarungsgebrüll geht, das durch die Lüfte schallt. Wie gesagt, an sich ist es nicht störend, wenn andere Menschen sich besteigen – nur manchmal, zum Beispiel wenn das sieben Mal am Tag passieren und die weibliche Beteiligte erst Arien kreischen muss, bis sich das erlösende männliche Grunzen hinzugesellt, dann bekomme ich so ein nervöses Zucken am rechten Auge.

Zumal doch meistens von anderen Nachbarn unterstützend geklatscht und gepfiffen wird. Dann muss das doch auch schneller gehen!

Ein wenig unangenehm ist es mir auch, wenn ich aufgrund der Geräuschkulisse ständig lügen muss.

»Was passiert da im Hinterhof?«, fragt Kind 1 ängstlich.

»Nun, ähhhh, nichts, nichts!«

»Das muss ich *unbedingt* sehen, da hat jemand schlimme Schmerzen!«

»Aller Wahrscheinlichkeit nach eher nicht.«

»DOCH! Jetzt hör doch mal. Da tut sich jemand ganz dolle weh.«

»Äh, das ist vermutlich im Fernsehen ...«

»Und was schauen die da?«

»Ähhhhh vielleicht sehen sie jemandem zu, der schwere Gewichte stemmt?«

»Nä.«

»Ein Bergsteiger auf 5000 Metern.«

»Nä, so klingt das nicht.«

Ich schließe die Fenster.

»Klingt echt schlimm.«

»Hmmm, wollen wir jetzt Power Rangers spielen?«

»Die armen Menschen!«

Ja, ja, denke ich.

Unter der Woche sollte Geschlechtsverkehr vor 20 Uhr, bevor die Kinder bei geschlossenen Fenstern ins Bettchen gehen, einfach verboten sein. Ehrlich mal.

Mama Leaks

WikiLeaks ist eine Internetplattform, auf der geheime Dokumente veröffentlicht werden können, die von öffentlichem Interesse sind. Das ist für diejenigen, die die Dokumente geheim halten wollten, natürlich ärgerlich. Über das Thema Geheimnisse liest man in letzter Zeit viel. Die amerikanische National Security Agency überwacht unter anderem Telefonate und die komplette Internetkommunikation. Während die einen auf die Straße gehen, um für ihre Freiheit zu demonstrieren, zucken andere nur mit den Schultern und sagen: »Na und? Sollen sie doch. Ich habe nichts zu verbergen ...«

Wie falsch dieser Satz ist, wird einem erst klar, wenn man ein flüssig sprechendes Kind im Kindergartenalter hat. Denn dann hat man zumindest vor den Erzieherinnen im Kindergarten und gegebenenfalls auch vor den anderen Eltern der Kindergartenkinder wirklich keine Geheimnisse mehr.

Jedes noch so kleine, unangenehme, vielleicht peinliche Detail, das sonst gut in den eigenen vier Wänden aufgehoben ist, verlässt mit dem Kind die Wohnung. Ganz zu Beginn, das muss ich zugeben, war ich sehr unvorsichtig. Ich dachte, ein dreijähriges Kind, das versteht noch nicht viel, und ich habe mich mit meinem Mann bedenkenlos über alles unterhalten, was mir in den Sinn kam. Unachtsam lästerte ich beispielsweise über mir nicht zusagende Kleidungsstücke anderer Leute, um dann wenige Tage später genau vor diesen zu stehen und mein Kind sagen zu hören: »Ist das die hässliche Kleid, von das du gesprecht hast, Mami?« Und Kind 3 deutet dabei begeistert auf das grellorange Sommerkleid einer anderen Mutter. Ich hielt mich für besonders schlau und dachte, ach, wenn ich jetzt so tue, als ob ich nichts gehört habe, dann muss ich die Frage nicht beantworten. Das führte aber nur dazu, dass Kind 3 lauter nachhakte: »IS DAS DIE HÄSSLISCHE KLEID? MAMAAAAA?« Ich errötete und antwortete: »Was? Nein! Was meinst du denn? Hm?« Dabei fiel mir auf, dass meine Stimme schon etwas überbetont fragend, schon leicht ins Hysterische abgleitend klang. Ich packte Kind 3 also ohne Schuhe und verließ fluchtartig die Garderobe. Den ganzen Weg nach Hause hoffte ich, dass die Mutter uns nicht gehört hatte.

Die nächste Lektion in Sachen Geheimnisse war dann: Verberge alles, was Hinweise auf Geheimnisse geben könnte. Das können ganz banale Dinge sein. Das Läuseshampoo vom Geschwisterkind, das Warzenmittel im Medizinschrank, selbst Produkte zur Monatshygiene. Einmal unachtsam liegen gelassen, werden sie vom Kind gefunden und bieten Diskussionsmaterial für allerlei heikle Themen. Vielleicht bin ich da auch nur hypersensibel, aber wenn mein Kind am Spielplatz beim Schaukeln zum Nachbarskind schreit: »MEINE MAMA BLUTET AUS DER SCHEIDE! DEINE AUCH?«, dann fühle ich mich doch kompromittiert.

Selbst Dinge, die eigentlich gar nicht geschehen sind, geschweige denn jemals ausgesprochen wurden, bieten ausreichend Potenzial, zum Rechtfertigungsalbtraum zu werden. Einfach weil das Kind etwas beobachtet und sich selbst einen Reim auf die Geschehnisse macht, was nicht unbedingt dem tatsächlichen Tathergang entsprechen muss.

Als mein Mann beispielsweise einmal das Kind vom Kindergarten abholte, berichtete dies arglos von dem netten Mann, der die Mami morgens öfter besucht, und zwar »wenn du in die Arbeit gegangen bist, Papi. Die Mami macht immer halbnakisch auf, und isch muss dann ganz leise sein, wenn der Mann da ist.« Zartes Nachfragen meines Mannes konnte die Situation glücklicherweise auflösen. Schlussendlich handelte es sich um einen Nachbarn, der ein ungewöhnliches Talent hatte, immer genau dann zu klingeln, wenn ich morgens unter die Dusche möchte. Ich denke, er ist shoppingsüchtig. Jedenfalls erhält er durchschnittlich ein Paket pro Woche, das der Postbote gerne bei uns hinterlegt. Er weiß in der Zwischenzeit, an welchen Wochentagen wir morgens früh noch zuhause sind, und holt dann seine Pakete ab. Vermutlich lauert er im Treppenhaus, bis er hört, dass ich das Duschwasser aufdrehe, um genau dann zu klingeln. Jeder hat halt so seine Hobbys. Wenn ich die Tür öffne und wir ein paar freundliche Worte austauschen, jubelt und grölt Kind 3 meist im Hintergrund. Da die Tür zum Hausflur geöffnet ist, bitte ich um Ruhe. Insgesamt eine eher harmlose Angelegenheit, die jedoch eine ganz besondere Note bekommt, wenn Kind 3 sie nacherzählt.

Und da wird es deutlich. Es geht bei Überwachung gar nicht um die tatsächlichen Geheimnisse, die man zu verbergen sucht, sondern darum, was andere durch Einzelbeobachtungen und deren Missinterpretation über das eigene Leben und Verhalten schließen.

Ein unschuldiger Stinker

In der Schwangerschaft wird der Geruchssinn feiner. Alles, was vorher nur leicht müffelte, stinkt jetzt bestialisch. Selbst Dinge, die eigentlich nicht unangenehm riechen, stinken plötzlich. Im Grunde ist es deswegen beinahe unmöglich, öffentliche Verkehrsmittel zu nutzen. Tatsächlich bin ich, so lange es irgendwie ging, mit dem Fahrrad in die Arbeit gefahren. Das nur als Hinweis, falls Sie ein Baby planen. Da muss man auf die Jahreszeit achten. Hochschwanger im Dezember mit dem Fahrrad durch den Schnee ist vielleicht nicht jedermanns Sache. Und auch so riecht die Welt nicht immer gut. Oder sie riecht aufdringlich gut. Das ist auch störend. Eine Zeitlang arbeitete ich beispielsweise für einen großen Logistikanbieter und fuhr deswegen regelmäßig morgens um 5.15 Uhr mit dem Sprinter nach Frankfurt am Main. Selbst noch verschlafen, gab es kaum Schrecklicheres als diese Damen und Herren, die morgens offenbar rund einen halben Liter Eau de Toilette über sich gießen. Ihre Parfümfahne ist schrecklich penetrant und trieb mir regelmäßig Ekeltränen in die Augen.

Jedenfalls bin ich, egal wie und warum jemand stank, bislang immer davon ausgegangen, dass Geruchsbelästigung immer etwas Eigenverschuldetes ist. Dass man aber auch ganz unschuldig stinken kann wie ein inkontinenter Löwe, das habe ich erst kürzlich gelernt.

Da stand ich nämlich nach widerlichem Pipi stinkend zwischen den Menschen und ersehnte mir ein Handtuch, welches mich über meinen Kopf liegend verschwinden lassen könnte. Dabei hatte ich nichts Unrechtes getan. Ich war sogar geduscht.

Das zugrunde liegende Problem lässt sich leicht in ein Wort fassen, es lautet DAS KIND.

Just jenes Kind hatte ich nämlich auf dem Weg zur Arbeit schnell noch in den Kindergarten gebracht. Zunächst schien alles wie immer. 700 Meter Weg von Haustür zum Kindergarten in fünfzig Minuten. Hier einen Strauch betrachten, dort ein Vögelchen, ein Blatt aufheben. Die letzten Meter war es dann fröhlich über einen harmlos aussehenden Sandhaufen, der vor einer Baustelle aufgetürmt war, geklettert. Das Kind war wie verzaubert, denn diesen Sandberg hatte es am Vortag noch nicht gegeben.

Das Kind erklomm also den Berg und rutschte ihn wieder herab. Das Spiel wiederholte sich so lange, bis der täglich eingeplante Zeitpuffer aufgebraucht war. Ich wurde ungeduldig und drängte zum Aufbruch. Als das Kind nicht hören wollte, schnappte ich es mir und trug es in die Kita. Dazu muss man wissen, dass das Kind jetzt genauso groß ist, dass seine Füße, wenn es auf meinem Arm sitzt, genau in meinen Schritt baumeln.

Ich lieferte das Kind im Kindergarten ab, verabschiedete mich und machte mich auf den Weg zur U-Bahn. Was ich nicht wusste: An den Kindessohlen befand sich, mir bis dato verborgen, eine hündische Pipiduftmarke. Genau jene strich das Kind also zwischen meinen Beinen ab, bevor es mich wieder in die Welt entließ.

All das konnte ich bestialisch stinkend in der U-Bahn rekonstruieren, während ich zwischen den sitzenden Menschen stand und mich in Grund und Boden schämte. Ich sah, wie die Mitreisenden ihre Nasen rümpften, ihren Blick suchend hin und her schweifen ließen, bis sie schließlich mich als Geruchsquelle ausfindig machen konnten. Dann zogen sie ihre Schals oder Krägen vor die Nase und wandten sich von mir ab. Ich starrte derweil an die Decke des U-Bahn-Wagons und versuchte unsichtbar zu werden. In der Arbeit angekommen, beschloss ich, meine Hose umgehend in der pipibefleckten Zone zu reinigen. Ich eilte also ins Bad und tupfte die Hose zunächst vorsichtig mit feuchten Papierhandtüchern ab. Da der Geruch hartnäckig war, seifte ich meine Hose ein und rieb und rieb und rubbelte, bis ich schlussendlich nichts mehr von der Urinmarke riechen konnte. Dazu musste ich zur Kontrolle immer wieder meinen eigenen Schritt beschnüffeln. Das sieht sicherlich nicht besonders würdevoll aus – das war mir jedoch egal. Ich konnte unmöglich den Rest des Tages so stinken. Übrigens auch einer der Momente, in denen man froh ist, regelmäßig Yoga zu machen. Das entspannt nicht nur, das hält auch schön biegsam für solche Situationen.

Der Gestank war also entfernt. Leider sah es nun aus, als sei meine Blase versehentlich geplatzt. Ich stand unschlüssig vor dem Waschbecken und sinnierte, warum man eigentlich immer Wechselwäsche für die Kinder dabeihat, jedoch nie an Wechselwäsche für sich selbst denkt. Wie lange würde es wohl dauern, bis meine Hose wieder getrocknet wäre?

Da Würde eine Geisteshaltung ist, beschloss ich, mein unmögliches Aussehen zu ignorieren und mich, als sei nichts passiert, an meinen Platz zu setzen und zu arbeiten.

Das Höschen wollte und wollte aber nicht trocknen. Mir blieb also nichts anderes übrig, als zurück ins Bad zu gehen und meinen Schoß von innen mit Papiertüchern zu befüllen – was mich freilich zunächst nicht besser aussehen ließ.

Nur drei Stunden später aber war endlich alles getrocknet, und ich war keine olfaktorische Beleidigung mehr.

Aus dem Malheur habe ich viel gelernt. Erstens: immer an eigene Wechselwäsche denken, und zweitens: Stinkende Menschen in der U-Bahn können unschuldig stinken. Man lächelt sie deswegen mitfühlend an.

Die Sache mit der Worscht

Mit Kind gerät man manchmal in Situationen, aus denen man sich nur schwer wieder herauswinden kann. So geschehen an einem Nachmittag, als ich Kind 1 vom Kindergarten abholen wollte. Es ist ein Nachmittag im Herbst. Die Sonne scheint, und ich denke, viele Tage wie diesen wird es wohl nicht mehr geben. Solange es noch hell ist, hole ich das Kind lieber ein wenig früher ab, und wir gehen noch gemeinsam zum Spielplatz vor dem Haus.

Als ich am Kindergarten ankomme, höre ich die Kinder schon draußen im Hof. Ich laufe um das Gebäude herum und trete freudestrahlend auf selbigen. Ein Stückchen weiter sehe ich Kind 1 spielen und winke. Kind 1 kommt jedoch wütend auf mich zugerannt: »Was machst du denn schon hier? Ich will noch spielen!!!« Was für eine herzliche Begrüßung, denke ich und unterdrücke tapfer meine Enttäuschung. »Noch dreißig Minuten!«, verlangt es. Ich denke: Okay, wenn es sich so wohl fühlt, soll es noch spielen. Ist ja schön, wenn die Kinder gerne fremdbetreut sind. Das erleichtert das schlechte Gewissen einer berufstätigen Mutter ungemein.

»Na gut, geh noch ein wenig spielen, ich warte so lange.« So richtig weiß ich allerdings nicht, was ich nun tun soll. Zu den Erzieherinnen will ich mich nicht setzen. Also schlendere ich ein bisschen über das Außengelände des Kindergartens. Als ich am hintersten der Sandkästen ankomme, spricht mich ein älteres Kind aus der anderen Gruppe an:

»Schau mal, da habe ich eine schöne Worscht gemacht!« Das fremde Kind hält mir eine zusammengedrückte Wurst aus feuchtem Sand entgegen und schaut mich stolz an.

»Mensch, das ist ja toll! Schön hast du das gemacht.«

»Die Worscht ist für dich!« Das Kind lächelt und wartet, dass ich irgendwas tue. Ich habe ohnehin nichts weiter vor und denke mir, warum nicht mal mit einem anderen Kind spielen? Das freut sich bestimmt. Ich frage: »Darf ich denn ein bisschen Senf zu der Wurst haben?«

Das eben noch fröhlich spielende Kind erstarrt. Das Gesicht zeigt einen entsetzten Gesichtsausdruck: »Aber die kann man doch nicht essen!«

Ich sage leise: »Ja, ja, ich weiß, wir spielen auch nur ...«, und dann lauter: »Oh, die ist wohl noch warm? Soll ich pusten? Die ist bestimmt ganz, ganz lecker! Ich kann es kaum erwarten, die Wurst zu essen. Lecker, lecker!«

Das Kind guckt jetzt wirklich entgeistert: »Aber die Worscht kommt doch aus dem Poloch!«

»Oh!« Jetzt verstehe ich die Verwunderung des Kindes und bin leicht peinlich berührt: »Oh, ich dachte, du meinst eine Bratwurst!«

Das Kind schüttelt wild mit dem Kopf: »Ne, das ist ja 'ne Wurst. Ich hab doch gesagt, eine WORSCHT!«

Diese sprachliche Unterscheidung war mir bislang unbekannt, ich versuche mich zu erklären: »Ähm, ja, ich ...«

Das Kind will keine Erklärungen hören. Es ruft angewidert:

»Das ist voll ekelig, die Worscht, die stinkt und kommt aus dem Po!!! Weißt du das denn nicht?«

Ich weiß nicht, was ich sagen soll: »Hmpf!«

Das Kind schreit plötzlich nach seiner Mutter, die einige Meter weiter hinten mit einer der Erzieherinnen spricht: »Maaaaaamaaaaaa! Da ist eine Frau, die will Kacka essen!«

Ich werde knallrot und stottere: »Neinneinnein, ich wollte doch nur ...«

Die Mutter eilt herbei: »Was ist denn, mein liebes Kind?«

Das Kind läuft zur Mutter und berichtet entsetzt: »Die Frau da hat gefragt, ob sie meine Kackworscht essen kann ...«

Die fremde Mutter schaut mich verständnislos an: »Wie bitte?«

Ich versuche mich zu erklären: »Äh, das ist ein Missverständnis, Ihr Kind hat mir eine Wurst angeboten ...«

Die Mutter macht denselben angewiderten Gesichtsausdruck wie das Kind: »Ja, aber Sie können doch keine Fäkalien essen! Das macht man doch nicht mal im Spiel!«

In der Zwischenzeit hab ich Ausschau nach Kind 1 gehalten und rufe: »Komm, wir müssen jetzt gehen! Wir wollten doch noch Kuchen essen!«, und drängle mich an der Mutter vorbei. Von wegen mit Kind ist einem nichts mehr peinlich.

Pipieinfach
Bislang habe ich mein Leben mehr oder minder sportfrei verbracht. Sport ist albern, und ich hasse es, fremde Menschen schwitzen zu sehen. Geschweige denn mir ihre vor Schweiß triefenden Achselhaare anzuschauen, wenn sie die Arme in die Luft recken. Doch jetzt habe ich ein Kind bekommen und das Gefühl, ich müsste irgendwie wieder in Form kommen. Schwierig würde es, wenn man

aus der Form geraten sei UND unverheiratet ist, ergänzt meine Mutter, als ich mich mit ihr über meinen postnatalen Körper unterhalte. Ob mein Freund mich nun noch ehelichen wolle, sei fraglich, und wie dann meine Zukunft aussähe, man wüsste es nicht. Es sei ja nichts gegen ein Babybäuchlein zu sagen, aber sie habe, als sie das Krankenhaus nach der Geburt verlassen habe, eigentlich schon wieder ihr Ausgangsgewicht gehabt. Das nur als kleine Anmerkung. Sie war nach der Geburt nur drei Tage im Krankenhaus, und sie wog knapp fünfzig Kilo.

Jetzt muss man sagen, dass das Kursangebot mit Baby in Berlin sehr reichhaltig ist und dass ich zudem noch den Luxus der Elternzeit genießen durfte. So kam es also, dass ich mich in meiner Unerfahrenheit in »Aerobic plus Baby« eingeschrieben und leider auch schon im Voraus die Kursgebühren bezahlt hatte.

Aerobic ist an sich ganz lustig. Ich mag Achtzigerjahre-Musik, zapple fröhlich gegen den Takt und spreche mir vor »Ich bin Jane Fonda, ich bin Jane Fonda, und eines Tages, da bin ich Alex Owens aus *Flash Dance*. Ich tanze dann in einer leeren Halle und kippe mir einen Eimer Wasser über den Körper, und dann lieben mich alle Männer!«.

Leider habe ich ein Problem. Mangels Kleinhirn (es muss eine organische Ursache haben) bin ich nicht in der Lage, den Rhythmus zu halten und/oder Arme und Beine getrennt voneinander zu koordinieren. Das war eigentlich bislang kein ernstzunehmendes Problem. Ich weiß das ja, und die anderen Erwachsenen zeigen schließlich sozial erwünschtes Verhalten, und deswegen hat noch nie jemand laut über mich gelacht. Bis – ja, bis eines Tages der vierjährige Sohn der Aerobic-Trainerin dabei war.

Der Kindergarten hatte geschlossen, und die Aerobic-Trainerin musste ihn mit in den Kurs nehmen. Am Anfang spielte er artig mit den mitgebrachten Autos. Er rollte sie parallel zu den

Fußleisten hin und her und beobachtete dabei ab und zu die Szenerie. Dann wurden seine Bewegungen langsamer, und er fokussierte sich immer mehr auf das Kursgeschehen. Schließlich schaute er nur noch zu. Nach einigen Minuten sprang er auf und schrie: »Ähhhhhhh, das ist ja voll pipieinfach, das kann ja jedes Kind!«

Weil ihm das Autospielen offenbar langweilig geworden war, begann er mitzumachen. Leider war er talentierter als ich. Die sportliche Ertüchtigung machte ihm sichtlich Spaß. Er wirbelte die Hände im Takt der Musik durch die Luft und sang dazu euphorisch: »Pipieinfach, pipieinfach, pipieinfaaaach!«

Doch dann erstarrte er mitten in der Bewegung. Sein Blick fixierte mich. »Er hat mich entdeckt. Er beobachtet mich«, denke ich und fange an zu schwitzen. Er kneift seine Augen zusammen.

»Eigentlich kann das jedes Kind«, sagt er und schaut dabei in meine Richtung. Langsam hebt er den Zeigefinger. »Jedes Kind ...« Ich schließe meine Augen und denke angestrengt: »Nein-neinneinnein, sag's nicht, sag's bitte nicht!« – »... außer DIE DA!«

Der Boden öffnet sich. Fumb. Ich verschwinde.

Mittagskind

Ist man Mutter oder Vater geworden, so wird die Zeit, die man für sich ganz alleine hat, sehr rar. Es trug sich dennoch zu, dass ich im Oktober drei freie Tage hatte. Nur für mich. Zumindest von morgens bis nachmittags, in der Zeit, in der das Kind im Kindergarten sein würde. Endlich Zeit, eine unendlich lange To-do-Liste abzuarbeiten. Als ich Kind 1 an meinem letzten Urlaubstag in den Kindergarten brachte, bat es kurz vor der Verabschiedung mit Tränen in den Augen: »Kann ich heute mal Mittagskind sein?«

Mittagskind klang verdächtig nach mittags abholen, und da ich noch einiges bei Post, Baumarkt und Co. zu erledigen hatte, verneinte ich zunächst.

Darauf folgten allerdings bittere Enttäuschung und eine kaum zu entkräftende Argumentationskette. Das arme Kind habe ja Verständnis, dass die Erwachsenen ganztägig berufstätig seien und es deswegen immer erst abgeholt würde, wenn es schon dunkel ist. Die anderen Kinder aber, nämlich jene, die von ihren Mamis und Papis lieb gehabt werden, die würden schon mittags abgeholt werden. Lediglich die Aschenbrödel der Kita blieben bis nach Sonnenuntergang. Ich hätte doch Urlaub, und da wäre es doch ein Leichtes, es ein einziges Mal nur zum Mittagskind zu machen. Natürlich willigte ich weichherzig ein.

Das Kind hüpfte in den Gruppenraum und verkündete die frohe Kunde, und im Weggehen konnte ich hören, wie ein Kanon fremder Kinderstimmen erklang: »Kind 1 ist heute Mittagskind! Kind 1 ist heute Mittagskind!«

Mir blieben also drei Stunden, um die wichtigsten Dinge meiner Liste abzuarbeiten. Wir waren gerade neu umgezogen, und mit einem DSL-Anschluss hatte es bisher noch nicht geklappt. Deswegen musste ich zuallererst schnell zur Bank, um zu sehen, ob die freundlichen eBay-Bieter schon überwiesen hatten, dann schnell ins Internetcafé, um zu schauen, ob ich weltbewegende Neuigkeiten verpasst hatte, und schließlich schnell zum Frisör, um mir den in die Augen hängenden Pony kürzen zu lassen.

Der Kontoauszugsautomat war natürlich kaputt und eine Alternativbank leider nicht in der Nähe. Bei easy internet wurde gerade geputzt, und deswegen waren nur zwei von fünfzig Rech-

nerplätzen verfügbar – beide natürlich belegt. Als ich unverrichteter Dinge beim Frisör ankam, hatten sich gerade sieben Damen vor mir in den Laden gequetscht. Ob ich mich wohl vordrängeln dürfte? Nein, sagten sieben hasserfüllte Augenpaare, die sich auf mich gerichtet hatten, unmissverständlich.

Pünktlich um 12 Uhr stand ich wieder vor der Kita und blies mir den langen Pony aus den Augen. Das strahlende Kind schwor mir unter Bezugnahme auf verschiedene Ehrencodices (Pfadfinder-, Indianer-, wirklichwirklich etc.), alle Erledigungen zu begleiten, nicht zu jammern, nicht zu bummeln und sich nicht auf den Boden zu schmeißen, weil es nicht mehr laufen könne.

Fünfzehn Minuten später weinte das Kind, es könne nicht so schnell laufen. Siebzehn Minuten später wollte das Kind stehen bleiben und eine sich drehende Litfaßsäule bewundern. Neunzehn Minuten später wollte das Kind ein Würstchen. Einundzwanzig Minuten später fragte es, wo denn der Baumarkt sei, und schrie mich an, als ich Richtung Süden auf ein Mediamarkt-Logo deutete. »Ich geheeee jetzt nicht weitaaa, das is kein Baaaaauuuummaaarkt! Da gips nur Compüüüüter!«

Im Baumarkt versteckte sich das Kind im Farbregal und spielte anschließend Krepppapierkegeln.

Dann mussten wir dreißig Minuten lang hässliche Zimmerspringbrunnen anschauen. Andernfalls wäre das Kind keinen Schritt weitergegangen.

Am Ausgang des Baumarktes schmiss sich das Kind auf die Straße, weil es drohte zu verdursten, wenn es nicht sofort Limonade bekäme. Ich ließ es schreien und ging ein paar Meter weiter. Als ich mich umdrehte, redeten von drei Seiten Erwachsene auf Kind 1 ein. »Hast du deine Eltern verloren?«

Das Kind antwortete nicht, sondern schrie (es schreulte eher). Als eine Passantin die Polizei holen wollte, schritt ich ein und versuchte dem Kind wieder gut zuzureden. Die Dame fragte das Kind: »Ist das deine Mami?« Kind 1 brüllte: »Naaaaaaaiiiiiin.« Es hatte ja Recht, ich bin schließlich nicht die Mami, sondern lediglich die Freundin seines Vaters. Dennoch verbrachte ich eine weitere Viertelstunde damit, der Frau zu erklären, dass das Kind tatsächlich zu mir gehörte und lediglich in allen Lebenslagen außerordentlichen Humor bewies.

Wir fuhren nach Hause und hatten eine ausführliche Debatte über die Tatsache, dass es im Herbst früher dunkel würde und das Kind nun nicht bei Einbruch der Dunkelheit ins Bett müsse, sondern wie gewöhnlich um 20 Uhr. Kind 1 widersprach vehement: »Wenn es dunkel wird, müssen die Kinders schlafen gehen! Das hast du immer gesagt.« Nein, erklärte ich, das sei ein Argument im Sommer. Jetzt sei es noch nicht mal 16 Uhr, selbst Kinder müssten da noch nicht schlafen gehen.

Zuhause lud ich die drei Tüten ab. »Du kannst entweder hier unten warten oder aber mit hoch in die fünfte Etage kommen, falls du noch so schlimmen Durst hast.«

Das Kind entschied sich fürs gemütliche Warten und brüllte erst, als ich wieder unten war, ich solle sofort nach oben gehen und ihm was zu trinken holen.

Wortlos oder heulend brachten wir den Rest der Erledigungen hinter uns. Dabei trat das Kind in die größte Hundekackwurst der Stadt, bekam Hunger und konnte fünf Mal nicht mehr weiterlaufen.

Um 17.30 Uhr kamen wir wieder zu Hause an. Wir hatten insgesamt vier Stunden für etwas gebraucht, was ohne Kind höchstens 1,5 Stunden in Anspruch genommen hätte.

Schweigend begann ich, die Küchenwand zu streichen. Dafür war ich schließlich in den Baumarkt gegangen und hatte mir das Zubehör besorgt.

Das Kind ging in sein Zimmer und kam eine halbe Stunde später wieder heraus, um zu fragen, wo sich die Wischlappen befänden.

Ich begleitete es, um zu sehen, was ein Vierjähriger wohl säubern wollte. Es war die mit Wachsmalkreide beschmierte Wand. Was hätte ich da sagen sollen? Ich male die Wand an, und es ist richtig. Es malt die Wand an, und es ist böse. So etwas kann man nicht erklären. Also bat ich das Kind leicht violett im Gesicht, den Rest der Wohnung zu verschonen.

Ich machte mich im Anschluss daran, meinen Kleiderschrank einzuräumen, während das Kind abwechselnd aß und dann mit essensbeschmierten Händen die Möbel betatschte. Ich bat es, fertig zu essen und dann Händewaschen zu gehen. Wenige Minuten später erschien das Kind im Türrahmen. Es hatte sich die halbe Seifenflasche auf die Hände gekippt, machte Schaumblasen, indem es die Hände aneinanderrieb, und schmierte sie dann an der Wand ab.

Dieses Verhalten brachte mich in einen emotionalen Ausnahmezustand. Ich hob Kind 1 hoch, schleppte es zum Waschbecken und wusch ihm die Seife von den Fingern. Das Kind schrie dabei derart, dass ich fest damit rechnete, dass einer der Nachbarn Polizei und Kinderschutz alarmieren würde. Dann stellte ich Kind 1 in sein Zimmer, von dem aus es lauthals verkündete, ich sei ein böser, böser, böser Mensch.

Als mein Mann von der Arbeit nach Hause kam und fragte, wie mein Tag gewesen sei, brach ich in Tränen aus. Kind 1 erschien hinter mir und berichtete: »Patricia war nicht so lieb, sie war sehr anstrengend heute. Du musst mal mit ihr ein ernstes Wörtchen reden, Papa.«

Kindererziehung ist sehr einfach – also theoretisch

Wiederholung automatisch oder das eChild

Früher, als die technischen Möglichkeiten noch beschränkt waren, blieb Erziehungsberechtigten nichts anderes übrig, als zur Nervenschonung Papier und Stift zu verwenden. Jeder, der Kinder hat, weiß das. Manche Dinge muss man dutzende, hunderte, ja sogar tausende Male sagen, bis die Kinder sie schlussendlich beherzigen. Mein Vater hat damals angefangen, erzieherische Ermahnungen zu sammeln und nach Häufigkeit zu gruppieren. Die zwanzig häufigsten hat er auf Zettel notiert. Diese hat er sich jeden Morgen in unterschiedliche Hosen-, Hemd- und Jackettaschen gesteckt und sie zu den entsprechenden Anlässen gezückt. »Sitz gerade, Patricia!«, »Du musst nicht so laut sprechen, ich höre dich gut!«, »Es ist schon zehn vor acht, willst du nicht langsam mal in die Schule gehen?«

Mit den gestiegenen Ansprüchen an die Kindererziehung ist das heutzutage kaum mehr möglich. Das heißt, Eltern wollen mehr und Kinder hören weniger. Hätte ich für alle meine Ermahnungen einen Zettel, so sähe ich aus wie einer dieser Sumoringer, die man aufblasen kann.

Als IT-Projektleiterin glaube ich an die Moderne und den digitalen Fortschritt. Als ausgebildete Psychologin glaube ich außerdem, dass es wichtig ist, dass die Kinder Selbständigkeit lernen und so früh wie möglich von den Eltern unabhängig werden.

Deswegen kam mir beim Einkaufen, bei Betrachtung der RFID-Chips an Kleidungsstücken, irgendwann die Idee, dass sich diese Technologie doch ebenso gut zur Erziehung einsetzen lassen könnte. Wer es nicht weiß: RFID ist die Abkürzung für Radio Frequency Identification. Das bedeutet grob vereinfacht, dass von einem solchen Chip per Radiowellen bestimmte Informationen an einen Empfänger geschickt und dort ausgelesen werden können. Passiert ein RFID-Chip einen bestimmten Lesepunkt, wird er dort lokalisiert, und eine bestimmte Aktion wird ausgelöst. Diese einfache Technologie lässt sich vielfältig einsetzen. Deswegen haben wir nun die komplette Erziehungsarbeit auf RFID-Chips ausgelagert.

Wir haben an allen strategisch wichtigen Punkten in der Wohnung Lesegeräte platziert. Die entsprechenden RFID-Sender haben wir in die Jacken der Kinder eingenäht. Passiert eines der Kinder nun beispielsweise den Eingangsbereich, wird es automatisch an alles Nötige erinnert: »Kita-Brotdose eingepackt? Zähne geputzt? Kuscheltier eingesteckt?«, nähert es sich hygieneempfindlichen Bereichen, wird abgefragt, ob die Hände und Ohren gewaschen wurden und ob die verdreckten Schuhe am vorgesehenen Platz hinterlegt wurden. Möchte das Kind nachmittags das Kinderzimmer betreten, wird an der Türschwelle sichergestellt, dass nicht der halbe Sandkasten in den umgeschlagenen Hosen mitgebracht wird. Die Schwelle darf erst passiert werden, wenn nachweislich kein Sand miteingeführt wird.

Die RFID-Technologie ist so wunderbar, weil wirklich universell einsetzbar. Je nach Kind, Alter und dessen Gewohnheiten werden die Erziehungshinweise modifiziert: »Schnecken und Stecken draußen liegen gelassen? Rotznase gereinigt? Jacke aufgehängt?«

Die Wohnung ist gespickt mit Lesegeräten, die in der Lage

sind, alle Transponder auf unseren Kindern auszulesen. Wir müssen nicht mal mehr in unserer Wohnung sein, um unsere Kinder zu gesellschaftlich angepassten Individuen zu machen. Wir arbeiten einfach beide 50 Stunden die Woche und lesen abends lediglich die Protokolle der eigens von uns programmierten RFID-eChild-Software. So wird nie etwas vergessen, und die Kinder wachsen zu perfekten Menschen heran.

Elternstreik

Am Erziehen ist besonders zermürbend, dass man immer und immer wieder dasselbe sagen muss und die Kinder trotzdem nicht freiwillig oder gar eigenständig machen, was man ihnen sagt. Aufräumen zum Beispiel. Tag für Tag bittet man darum, doch am Ende räumt das Kind wieder nicht auf. Irgendwann ist das fast egal. Also das Aufräumen an sich, denn das eigentlich Anstrengende ist, es immer wieder sagen zu müssen.

Wir haben also hin und her überlegt, ob wir mal einen anderen, vielleicht erfolgverprechenderen Ansatz verfolgen sollten. Dem Kind irgendwie klarmachen, dass es nicht schön ist, wenn alles liegen bleibt, man nichts wiederfindet, dass manche Sachen vielleicht sogar Schaden nehmen und man dann traurig ist. Das Kind auf konstruktive Weise einsichtig machen. Wir planten also einen Elternstreik. Wir würden einfach absolut nichts mehr wegräumen und dann so lange warten, bis Kind 1 auf Knien durch den Flur rutschen und rufen würde: »Ich habe verstanden! Ich habe verstanden! Ich werde jetzt alles tun, was ihr sagt. Ich liebe euch! Ich schätze eure Mühen! Erbarmen! ERBARMEN!!!« Wenn wir nämlich eines gelernt haben beim Elternsein, dann dass immer mehr von dem Gleichen nichts bringt. Da wir es bereits neun Jahre mit Ermahnen und Bitten versucht hatten, erschien uns die Idee des Streikens sehr sinnvoll. Sowohl bei der Deutschen Bahn als auch bei der Gewerkschaft der Piloten bringen Streiks immer wieder glänzende Ergebnisse. Warum also nicht auch bei uns?

Der Streik verlief wie folgt:

Tag 1:
Wir lassen Geschirr und Ähnliches stehen. Räumen nur den Müll weg. Kleidungsstücke stapeln wir auf einer Stelle. Kind 1 zeigt keine registrierbaren Reaktionen auf die steigende Unordnung.

Tag 2:
Wir lassen zusätzlich Umverpackungen auf Tischen und anderen Oberflächen liegen. Wenn etwas aus dem Schrank genommen wird, lassen wir die Schranktüren offen. Kind 1 verhält sich wie immer.

Tag 3:
Wir lassen zusätzlich Essensabfälle liegen und werfen Jacken, Mützen und Ähnliches einfach auf den Boden. Ich bin mir nicht sicher, aber ich könnte schwören, Kind 1 scheint sich wohler zu fühlen als sonst.

Tag 4:
Wir lassen Abfälle an Ort und Stelle aus der Hand gleiten. Verteilen Haare, Zahnpastareste und Haarbürstengewölle in den Waschbecken. Sauberes Geschirr gibt es schon lange nicht mehr. Kind 1 bemerkt, dass es nicht mehr Tisch decken muss und man einfach die Gegenstände des Vortags verwenden kann. Es freut sich.

Tag 5:
Die Wohnung stinkt, man findet kaum etwas wieder. Wir haben mehrere Wunden, die von eingetretenen Gegenständen oder offen stehenden Schubladen stammen. Kind 1 isst nur noch direkt aus dem Kühlschrank.

Tag 6:
Alle Frischnahrungsmittel sind aufgebraucht. Kind 1 kommt jeden Tag später vom Hort zurück. Es wirkt ausgeglichen, satt und fröhlich.
[...]

Tag 16:
Der einzige Zufluchtsort ist in der Zwischenzeit unser Ehebett. Wir verbringen den ganzen Tag darin und wehren mit Besenstielen Tiere ab, die im Unrat der Wohnung entstanden sind und sich nun vom Müll und den Essensresten ernähren. Sie vermeh-

ren sich außerordentlich schnell, wirken jedoch nicht aggressiv. Wir hoffen, dass sie in unserer Wohnung bleiben und nicht zu den Nachbarn übersiedeln. Diese könnten das Jugendamt oder ähnliche Institutionen alarmieren, und unser Erziehungsexperiment würde Risiko laufen, vorzeitig beendet zu werden. Wir haben es bis hierhin geschafft und dürfen jetzt nicht aufgeben. So viel ist klar. Das Kind wird schon noch einsichtig werden. Der Lerneffekt wird spät, aber bleibend einsetzen.

[...]

Tag 32:
Eines der Mülltiere hat sprechen gelernt, es fordert im Namen der anderen Getiere, dass der Müll konzentriert an einer Stelle gelagert wird, die Infrastruktur seiner Kultur sei bedroht. Wir lehnen ab.

Tag 33:
Unsere Reis- und Nudelvorräte neigen sich dem Ende zu. Wir rationieren sie, so wie wir es im Dschungelcamp gesehen haben. Wir fühlen uns schlapp und träumen nachts von frischem Salat und saftigen Rindersteaks.

Tag 34:
Die Faulgase, die sich gebildet haben, leuchten im Dunkeln. Mein Mann und ich sehen vom Bett aus auf die glühende Wohnung und fühlen uns verliebt. Kind 2 und 3 wohnen in der Zwischenzeit bei den Großeltern.

Tag 35:
Die Schlucht, die sich Kind 1 zwischen Kinderzimmer und Toilette wie eine Schneefräse gebahnt hat, bricht zusammen. Die

Müllwesen ernennen Kind 1 überraschend zu ihrem Anführer. Jene, welche einen IQ über 80 haben, machen seine Hausaufgaben. Andere beschaffen ihm Dinge, die auf dem Biomüll gewachsen und essbar sind.

Tag 36:
Wir können die Heizung abstellen. Unrat und Biomüll geben so viel Wärme ab, dass wir auf Kleidung verzichten können. Kind 1 bemerkt, dass wir schon lange nicht mehr gemeckert haben, und sagt, dass es das gut finde. Nachts weine ich leise ins Kissen. Mein Mann sagt, wir müssen durchhalten.

Tag 37:
Wir vermissen die anderen Kinder sehr. Doch da passiert das Unglaubliche: Kind 1 stellt unaufgefordert einen Teller in die Spülmaschine. Es sagt, dass es sich seit knapp einem Monat viel besser fühle als sonst. Wir sind einsichtig. Die Gehirnentwicklung scheint in diesem Stadium der kindlichen Entwicklung keine Rezeptoren für die Bedürfnisse anderer zu besitzen. Wir kriechen vor ihm auf den Boden und flehen: »Verzeihe uns unsere Uneinsichtigkeit, unsere überzogenen Forderungen, unsere unrealistischen Erwartungen! Verzeih!« Es hält uns die Hand hin, damit wir sie küssen können. »Jetzt räumt den ganzen Mist endlich weg, und kocht mir was Ordentliches! Ich habe mir das lange genug geduldig angesehen!«

Die Mutter ohne Herz
Ich bin, wenn es in meine Welt passt, großer Fan evolutionspsychologischer Thesen. Die angeborenen Verhaltensmuster entwickeln sich nur langsam weiter – wohingegen die gesellschaftliche

Entwicklung seit Anfang des 19. Jahrhunderts rasend schnell voranschreitet. Das heißt, gegen viele Verhaltensmuster kommt der Mensch gar nicht an, weil sie angeboren sind und bei einem bestimmten Außenreiz einfach abgespult werden. Im Grunde hat man keine andere Wahl, als diesem Drang zu folgen. Wenn man Kinder beobachtet, wird einem das besonders klar. Sie tun vieles automatisch, ohne dass man es ihnen gesagt hat oder sie es sich irgendwo abschauen konnten. So ist es beispielsweise mit dem Sammeln von Gegenständen. Kinder sammeln alles. Sie sehen überall etwas Nützliches.

Dem Urmenschen war nämlich nicht klar, wann es das nächste Mal Nahrung geben würde und ob sich der spitze Stein, der ihm gerade vor die Füße gefallen war, nicht doch als nützliches Werkzeug erweisen würde. Deswegen wurde vorsichtshalber alles gesammelt und gehortet, und das ist auch der Grund, warum Kinder ALLES sammeln.

Dem kinderunerfahrenen Leser sei versichert, dass mit ALLES wirklich alles gemeint ist. Handele es sich dabei um unterschiedlich große Schnecken, verrostete Schrauben, Kieselsteine, Stöcke oder weggeworfene Kaugummis. Wenn man sie ließe, sie schleppten alles mit nach Hause.

Außerdem wird auch alles aufgehoben. Ungeachtet der Tatsache, ob Teile fehlen, die Funktion gänzlich unbekannt ist oder das Objekt der Begierde stinkt. Besonders liebreizende Kinder verbinden ihre Sammelleidenschaft noch mit einer bestimmten Art von Opferdarbietung an andere. Als Eltern erhält man dann Nüsse, vergammelte Obstkerne und Insektenkadaver und muss diese – sofern man die Seele des kleinen Wesens nicht schädigen möchte – freudestrahlend entgegennehmen und bei Bedarf sechs Jahre später wieder vorzeigen.

Manchmal wollen die Kinder die Erwachsenen auch überraschen und verstecken gesammelte Gegenstände an den unerwartetsten Stellen der Wohnung. Die Hülle einer gehäuteten Spinne im Besteckfach. Etwas, das mal ein Putzlappen gewesen sein könnte, im vorderen Teil des Schuhs. Eine Sammlung kleiner Schlammklößchen im Eierfach des Kühlschranks.

Bei drei Kindern verschiedener Altersklassen kommt da schnell einiges zusammen. Besonders hart ist es, wenn die Nachkommen auch noch gestalterische Energien besitzen. Dann werden nämlich täglich zusätzlich um die siebenundzwanzig Bilder gemalt, geschnitten, gerissen und beklebt und gerne auch mal mit den gefundenen Schätzen mit Klebeband und Knetgummi vermengt. Und das mal drei.

Leider entspricht die zunehmende Vermüllung unserer Wohnung nicht meinen ästhetischen Ansprüchen. Und nun mein Geständnis: Wenn die Kinder weg sind, schmeiße ich Dinge weg. Ich weine dabei ein bisschen und fühle mich wirklich sehr, sehr schlecht, denn ich erinnere mich lebhaft daran, wie mein kleines Herz als Kind schmerzte, als meine Eltern bereits die Unterbringung meiner Kostbarkeiten in ihrer Wohnung ablehnten. Doch es muss sein. Unsere weiße Designerwohnung duldet einfach keinen nutzlosen Tand.

Dank moderner Techniken habe ich jedoch eine hervorragende Lösung gefunden. Ich fotografiere die Dinge, derer ich mich entledige, vorher und zittere deswegen nur ein klein wenig, wenn die Kinder fragen: »Wo ist eigentlich [beliebiger Gegenstand, der auf der Straße aufgesammelt wurde]?«

Meine Antwort lautet dann: »Du wirst dich jetzt besonders freuen, denn ich habe [beliebiger Gegenstand, der auf der Straße aufgesammelt wurde] unsterblich werden lassen, indem ich ihn digitalisiert habe.« Unsere verständigen Kinder wissen, dass Unvergänglichkeit eines der am meisten angestrebten Güter ist, nicken andächtig und sind sich (mal wieder!) gewiss, dass sie die allertollste Mutter auf Erden haben. Zumindest solange sie nicht alt genug sind, um zu verstehen, dass DVD-Träger und Festplatten auch ein Verfallsdatum haben. Laut Herstellerangaben liegt das bei 60 bis 80 Jahren. Was die meisten nicht wissen, das ist natürlich ausgemachter Humbug. Die meisten DVDs sind schon nach vier bis fünf Jahren völlig im Eimer. Es kommt nämlich auf die Lagerungsbedingungen an, und damit ist nicht nur gemeint, dass die DVDs keine Kratzer, keine Aufkleber und keine Fingerabdrücke haben dürfen. Nein, auch der Kontakt mit Licht kann problematisch sein, und sie müssen bei optimalen Temperaturen gelagert werden. Die optimale Lebensdauer wird nur bei exakt 25 Grad erreicht. Jede Art von Temperaturschwankung ist dringend zu vermeiden. Die für die Lagerung optimale Luftfeuchtigkeit liegt übrigens zwischen 40 und 60 Prozent. Ja – ich habe mich ordentlich mit der Lagerungsfrage auseinandergesetzt. Meine Kindheit ist auf Super-8-Filmen festgehalten, und weil ich kein Abspielgerät habe, gibt es meine Kindheit nicht mehr.

Unterm Strich ist es jedenfalls genauso schwer (und teuer), DVDs ordnungsgemäß zu lagern wie Wein. Deswegen rate ich zur Anschaffung eines Weinkühlschranks mit einzeln zu öffnenden Fächern. Die kleineren Exemplare bekommt man schon ab 600 Euro. Denselben Zweck erfüllt auch ein Humidor. Der ist allerdings aufgrund seiner Größe nur Einkindfamilien zu empfehlen.

Tatsächlich – und da sind wir fast schon wieder in der Steinzeit – wäre es am sinnvollsten, alle Kunstwerke per Hammer und Meißel in Stein zu übertragen. Das gäbe den Betrachtern der Zukunft auch einige interessante wissenschaftliche Rätsel auf.

Aber das sind alles Überlegungen, von denen die Kinder nie

erfahren werden. Jedenfalls nicht vor ihrem Auszug, und dann kann ich immerhin noch behaupten, dass sie den Krempel selbst verschlampt haben.

Ist das Kunst, oder kann das weg?

Ich habe meine Kinder wirklich gerne und freue mich über ihre Geschenke. Ich weiß auch, dass Schönheit im Auge der (in diesem Fall) Betrachterin liegt. In den Kunstwerken meiner Kinder sehe ich also den Eifer und die Liebe und nicht die Ästhetik. Naiv, wie ich zu Beginn meiner Mutterschaft war, nahm ich an, dass es ihnen dabei um Wertschätzung ginge. Ich nahm selbstgebastelte Geschenke entgegen, stellte keine Fragen und lobte meine Kinder für ihren Fleiß. Gerade zu Beginn erschien es mir wichtig, die Kinder viel zu loben. Viel Lob trägt zum Aufbau eines stabilen Selbstbewusstseins bei. Wenn sich ein wünschenswertes Verhalten manifestiert hat, dann genügt es, intermittierend – also gelegentlich – zu verstärken. Diese Art Lob wirkt sogar nachhaltiger als ständiges Lob.

Ich musste allerdings lernen, dass es in dieser Sache nicht um Wertschätzung, sondern um Sichtbarkeit geht. Denn sich aufrichtig zu freuen und die Geschenke in der Wohnung zu platzieren, das sind zwei völlig verschiedene Dinge.

Wie gesagt, ich dachte, es würde genügen, die Präsente in Empfang zu nehmen und mich artig zu bedanken. Das war natürlich dumm. Wenn sich die Kinder schon Mühe geben, dann sollen die – nennen wir sie neutral: – »Gegenstände« auch augenscheinlich für alle Besucher ausgestellt werden. So jedenfalls die Auffassung der Kinder.

Nun gut. Frisch Geschenktes stelle ich meist auf die Fensterbank oder ins Regal. Das hatte allerdings schon öfter den Effekt, dass kinderlose Freundinnen, die bei uns zu Kaffee und Kuchen eingeladen waren, irgendwann erschrocken von ihrem Platz aufsprangen und mit Ekel in der Stimme »Oh mein Gott! Ich glaube, da hat euer jüngstes Kind hingemacht!« schrien. »Nein, nein!«, konnte ich sie dann beruhigen. »Das ist lediglich was Selbstgebasteltes.«

»Ah«, lautete die leise Antwort, und seltsamerweise sind die Freundinnen auch Jahre später noch kinderlos.

Jedes Kind hat unterschiedliche Begabungen, und ohne gemein sein zu wollen, die meiner Kinder liegen eher nicht so im handwerklichen Bereich. Auch die Bilder, die mir Kind 3 und Kind 2 seit Jahren schenken, sind, sagen wir, monothematisch. Einmal im Vierteljahr hole ich im Kindergarten eine Malmappe mit mehreren Dutzend einfarbigen Schmierbildern ab. Wir entdecken die Farbe Rot. Wir entdecken die Farbe Grün und manchmal auch: Wir sehen, was passiert, wenn wir alle Farben wild mischen.

Gegenständliche Malerei ist nicht das, was meine Kinder favorisieren. Ihnen geht es wohl wie Yves Klein, nur etwas bunter. Sie tragen die Farbe mit Pinseln und Schwämmen auf und hoffen, dass der Betrachter oder die Betrachterin die Stimmung der Farbe ebenfalls aufsaugt wie ein Schwamm. Das funktioniert übrigens tatsächlich ganz gut. Vor allem bei Gelb und Braun. Ich habe dazu ganz schlimme Assoziationen und möchte mir nach längerer Betrachtung eines der »Fifty Shades of Brown«-Kunstwerke meiner Kinder regelmäßig die Hände waschen und desinfizieren gehen. Yves Klein nannte diesen Effekt Imprägnation.

Wie gesagt, über das gestalterische Talent meiner Kinder kann man streiten. Aber was man meinen Kindern hingegen ganz und gar nicht vorwerfen kann, ist mangelnder Herstellungswille. Pro

Woche werden zusätzlich zu den im Kindergarten fabrizierten Werken auch zuhause stapelweise Kunstwerke unterschiedlicher Genres hergestellt. Die Wohnung wäre, würde ich nicht regelmäßig – wie bereits beschrieben – ausmisten, ein wahres Gruselkabinett – ähm Chaos. Deswegen sortiere ich alle zwei Wochen aus. Natürlich mache ich das heimlich und in Abwesenheit der Kinder – aber ganz ehrlich, uns fehlt wirklich der Platz für all diese Glanzstücke.

Wenn die Kinder also in der Schule und im Kindergarten sind, schleiche ich durch die Wohnung und sammele die Teile ein. Dann passe ich den richtigen Moment ab – mir ist es auch ein bisschen unangenehm, von den Nachbarn dabei beobachtet zu werden – und husche zu den Mülltonnen. Ich klettere hinein, räume die Müllsäcke, die andere schon reingeworfen haben, beiseite und platziere die Kinderkunst auf dem Boden der Tonne. Dann schichte ich den anderen Müll darüber und schleiche mich mit hochgeschlagenem Kragen wieder in die Wohnung zurück.

Dass regelmäßig Bilder fehlen, fällt den Kindern selbstverständlich auf! Aber derzeit geben sie sich auf Nachfrage mit der Anmerkung zufrieden, ich hätte ihre Werke »archiviert«, um Platz für Neues zu schaffen.

Ich bin gespannt, wie lange ich mit dieser Erklärung noch durchkomme. Was mich nachts manchmal wach liegen lässt, ist der Gedanke, dass ich eventuell meine Altersrente regelmäßig entsorge. Ich weiß nicht, ob Beuys' Mutter seine Genialität schon im Kindesalter entdeckt hat. Oder Pollocks oder Yves Kleins Mutter ...

Entschuldigung, aber ich muss doch schnell nochmal runter zur Mülltonne.

Experiment Aufwachteller

Als ich klein war, konnten meine Eltern immer ausschlafen. Ich bin zwar schon um 5 Uhr wach geworden, habe aber einfach ferngesehen, bis sie aufstanden. Das war manchmal so lange, dass ich freiwillig den Frühstückstisch gedeckt habe, weil mir beim Fernsehen schon langweilig wurde. So war das damals in den siebziger Jahren. Obwohl es mir nicht geschadet hat und ich trotzdem groß geworden bin, möchte ich das bei meinen Kindern nicht. Allein schon weil es nicht nur einen Sender gibt, auf dem Kindersachen laufen, sondern zehn und darüber hinaus weitere zwanzig Sender, auf denen vierundzwanzig Stunden Dinge laufen, die Kinder besser gar nicht sehen. Es gibt auch noch sieben bis dreizehn weitere Gründe, warum ich das nicht möchte.

Ich schätze, im Schnitt schlafe ich jede Nacht sechs Stunden. Wenn diese sechs Stunden ohne Unterbrechung sind, dann fühle ich mich am nächsten Morgen sogar frisch.

Dem jüngsten Kind sind die Stunden meiner nächtlichen Ruhezeit ziemlich egal. Es steht atomuhrgleich IMMER um 5.58 Uhr auf. Wenn ich also erst spät ins Bett komme, die üblichen sechs Stunden eher vier werden und zusätzlich zwischen ein und drei Kinder in unserem Bett quer liegen, dann halluziniere ich, dass es irgendeine Lösung für mein Ausschlafproblem geben könnte.

In einer Frauenzeitschrift wird in diesem Kontext ein »Ausschlafteller« vorgestellt. Man solle einfach für den nächsten Morgen ein Tellerchen für den Nachwuchs anrichten, das schon leer gegessen werden könnte, während die Eltern selig weiterschlafen. Das würde den morgendlichen Hunger ein wenig stillen und gleichzeitig eine schöne Beschäftigung darstellen. Offen für Vorschläge jeder Art, habe ich das heute ausprobiert. Als ich gegen 1 Uhr ins Bett ging, packte ich einige Maiswaffeln und Rosinen sowie andere getrocknete Früchte auf ein Tellerchen und deckte dieses mit einem zweiten Tellerchen ab. Als Kind 3 pünktlich um 5.58 Uhr erwachte und fröhlich trompetete: »Alle aufstääähn, isch bin wahaaach!«, wälzte ich mich zur Seite und hauchte: »Auf dem Teppich im Kinderzimmer wartet eine kleine Überraschung auf dich. Geh doch schon mal dahin, und spiele dann ein bisschen.«

Das Kind, sehr interessiert, marschierte gen Kinderzimmer.
»WO IS EINE ÜBERRASCHUNK? MAMAAAAAA???!«
»Auf dem Teppich steht was zu essen.«
»Und die Überraschunk??«
»Das ist die Überraschung.«

Ich höre, wie Kind 3 den Teller lüftet und murmelt: »Maiswaffel? MAMA, IST DE MAISWAFFL DA ÜBERRASCHUNK?«
»Ja, und die Rosinen. Kannst du alles essen und dann spielen. Ich schlafe jetzt noch.«

Ich höre Knabbern, ziehe meine Decke über die Schulter und will gerade die Augen schließen, als Kind 3 ruft: »Kansch auch was trinken?« Verdammt, daran hätte ich denken müssen. Ich stehe auf, fülle Wasser in eine Trinkflasche, überreiche sie dem Kind und schluffe wieder ins Bett. Das Kind trinkt. »Is das nur Wassa? MAMAAAA?« Ich versuche mich ruhig zu verhalten. »MAMAAAA, ISCH WILL ABER MILSCHSAFTSCHORLÄ!«*

»Gibt's jetzt nicht, ich möchte schlafen.«
Es folgen 90 Sekunden Ruhe. »Kann isch was bauen?«
»Ja, natürlich.«

---

* »Milchsaftschorle« ist ein Mischgetränk, das Kind 3 erfunden hat: Es stellt ein hypothetisches Getränk dar, das nach dem Abstillen dargereicht wird, um den Übergang von Milch zur herkömmlichen Saftschorle zu erleichtern. In der Vorstellung von Kind 3 mischt man dazu Kuhmilch mit Wasser und fügt kontinuierlich den Anteil an Saft hinzu, den man an Milch abzieht, bis man am Ende bei Saftschorle landet. Kind 3 verlangt seit dem 18. Lebensmonat danach.

Ich höre Legosteingeklapper. Das Kind tappt ins Schlafzimmer. »Kannst du das zusammenbauen?«

»Nein, ich möchte schlafen.«

»RÄÄHHHBÄÄÄHHHH.«

»Okay, ich baue das jetzt zusammen, dann lässt du mich aber schlafen.« Ich baue unter Anleitung drei Schiffe und ein U-Boot mit Pferdeanhänger. Das Kind schlappt ins Kinderzimmer zurück.

»Sind die Sinen alle fur misch?«

[…]

Nach einer Stunde gebe ich auf und trotte wie ein Automat ins Kinderzimmer. Das Kind schmiegt sich liebevoll an mein Bein und fragt mit warmer Stimme: »Hast du gut ausgeschlafen, Mama?« Der Ärger verfliegt, und ein weiterer Tag mit blutunterlaufenen Augen und der Hoffnung auf einen Mittagsschlaf beginnt.

Levelboss Baby LeChuck

Recherchen zufolge habe ich 1993 mein letztes Computerspiel gespielt. Es war ein Point-and-Click-Adventure und hieß *Day of the Tentacle*. Davor hatte ich mich für den Vorgänger *Maniac Mansion* und für *Monkey Island* begeistert, und ich kann mich noch gut daran erinnern, mit wie viel Herzklopfen ich während des Spiels nach siebenmaligem Rückfragen endlich die Tür zum Papagei öffnete und dass ich eigentlich fest eingeplant hatte, mein erstes Kind – unabhängig vom Geschlecht – wie den Protagonisten Guybrush Threepwood zu nennen.

Computerspielen war damals wahnsinnig aufregend. Es zeichnete sich schon früh ab, dass Computerspielen an sich für mein zartes Nervenkostüm viel zu aufregend war. Mehr als die Hälfte meiner Spielzeit blieb ich Passivspielerin. Es begann alles in den Achtzigern, als der erste Junge meiner Klasse einen Computer zuhause hatte. Leider habe ich nie wieder was von ihm gehört, ich bin mir aber sicher, dass er ein super Softwareentwickler geworden ist. Er hatte eine große Brille und diesen ein Kubikmeter großen Kasten mit pizzagroßen Disketten, und er ermahnte mich immer: Nix anfassen.

Da saß ich also und schaute ihm gebannt beim Spielen zu, und er erklärte mir fachmännisch, wie die einzelnen Rätsel zu lösen seien. Ich glaube, es gab damals nicht mal Bilder, sondern nur Text und erst am Ende meiner Grundschulzeit pixelige Spiele.

Jedenfalls hatte ich eine kurze Phase, in der ich selbst intensiv spielte, die bis in die Neunziger reichte, und als dann die Spielkonsolen erfunden wurden und man bei bestimmten Spielen nicht mehr weiterkam, wenn man nicht zehn Jahre Spielerfahrung mitbrachte, setzte ich mich lieber wieder daneben und fieberte bei den anderen mit.

Nun, was ich eigentlich sagen wollte: Manchmal waren die

Rätsel der Point-and-Click-Adventures wahnsinnig schwer zu lösen. Man musste zum Beispiel einem Pferd ein Physikbuch vorlesen, bis es sich dermaßen langweilte, dass es sein Gebiss rausnahm und in ein Glas legte, und mit dem Gebiss konnte man anschließend irgendwas anderes Tolles machen. Natürlich hatte ich zu dieser Zeit noch kein eigenes Internet, aber ein Bekannter eines Bekannten in Berlin hatte das, und den riefen wir dann an und fragten, wie man weiterkommt. Einige Jahre später war es schon der erste Bekannte, der ins Internet konnte, und wir suchten Foren auf, um die Lösung selbst herauszufinden.

Daran muss ich täglich denken, wenn ich mit Kind 3 den Tag verbringe. Kind 3 ist nämlich ein einziges Adventure. Ein sehr vertracktes dazu.

Es isst zum Beispiel nur, wenn es zwei Löffel hat. Ein Löffel muss einen langen Stiel haben, und der andere muss blau sein. Man beginnt zu füttern, es füttert sich ein bisschen selbst, und dann stoppt es plötzlich. Nun isst es erst weiter, wenn es zwischendrin drei Mal von einer Maiswaffel abbeißen darf. Das funktioniert eine Woche. Ohne Vorwarnung rekalibriert sich das Baby, und das morgendliche Füttern funktioniert irgendwie anders. Ich probiere dann wild alles Mögliche aus, nehme verschiedene Gegenstände in die Hand, versuche sie zu kombinieren, und dann – zack – plötzlich funktioniert was total Abgefahrenes, und ich komme eine Runde weiter.

Neben den Rätseln gibt es auch reine Geschicklichkeitspassagen. Windelwechsel zum Beispiel. Das Baby rennt vor mir weg oder quetscht sich in Nischen und beißt, wenn ich es rausholen möchte. Manchmal reißt es sich die Windel selbst ab und pullert innerhalb von wenigen Minuten mehrere Dutzend Male in verschiedene Zimmerecken, sodass ich mit dem Wischlappen hinter ihm herrenne und gleichzeitig versuche, die neue Windel anzulegen.

So wie vor zwanzig Jahren liegen mir die Rätsel eher als die Geschicklichkeitsspiele. Die Rätsel löse ich selbst, organisiere mir Lösungen von anderen SpielerInnen oder lese in Foren nach. Die Geschicklichkeitsaufgaben lasse ich gerne meinen Mann machen.

Soll einer mal sagen, Computerspiele seien nicht lebensrelevant. Ohne die *Monkey-Island*-Serie hätte ich keines meiner Kinder vernünftig aufziehen können. Wer also glückliche Enkel will, sollte die eigenen Kinder ausreichend Zeit vor Bildschirmen verbringen lassen.

Tattoo Kid

Zum Thema Motivation wurden Hunderte von Büchern geschrieben. Psychologen behaupten gerne, es gäbe keine extrinsische Motivation. Gemäßigtere Expertenmeinungen postulieren, dass externe Verstärker zumindest die intrinsische Motivation verderben. Alles hochtrabender, theoretischer Quatsch. Denn jede/r, der Kleinkinder hat, weiß: Für einen Stempel tut ein Kind ALLES.

Es fing damals sehr harmlos an. Im Kindergarten kam eine Erzieherin auf die Idee, Stempel zu verteilen, wenn ein Kind etwas besonders gut oder selbständig machte. Das war in der Übergangsphase vom Baby- zum Kleinkindalter. Die Kleinen übten ihren Alltag ohne Windel, und wenn es tatsächlich gelang, in eine Toilette statt in die Hose zu pullern, gab es einen Stempel auf die Hand. Zu Beginn war das vielleicht einmal am Tag der Fall. Doch dann passierte irgendetwas. Ich weiß nicht, ob es derselbe Mechanismus ist, der offenbar bei bis unter die Unterlippe tätowierten Erwachsenen einsetzt. Jedenfalls reichte dem Kind ein Stempel auf den Handrücken nicht mehr. Es wollte mehr. MEHR!

So geschah es, dass das Kind im Grunde vier Tage nach Start der Windelfreiaktion tatsächlich »sauber« war. Zusätzlich begann es, wie ein Kamel Wasser zu saufen. So kam es am Tag auf siebzehn Stempel fürs Pinkeln.

Zwar wirkte das auf uns Eltern zunächst befremdlich, doch wir erkannten ein ungeschöpftes Potenzial. Auf eine lange Tradition der Aufräumverweigerung beim Erstgeborenen zurückblickend, dachten wir, so ein Stempelchen würde vielleicht auch hier seine Wirkung nicht verfehlen. Wir verkündeten also, dass ein ordentlich aufgeräumtes Kinderzimmer ebenfalls mit bunten Stempeln belohnt werden würde. Und tatsächlich: Kind 2 räumte regelmäßig auf. Es entwickelte eine wahrhafte Aufräummanie. War ein Gegenstand nur um einen Millimeter von der

Sollposition verrückt, wurde er umgehend zurückgeschoben. Im Gegenzug verlangte das Kind Stempel um Stempel. Allein dafür kamen also täglich weitere neun Stempel hinzu.

Wir fanden das eigentlich schon recht viel, und man muss auch sehen, dass so ein alfgroßes Wesen doch recht bald an Kapazitätsgrenzen kommt, was das Zur-Verfügung-stellen von freien Hautflächen angeht. Bald waren achtzig Prozent seines Körpers bestempelt. Nur Hände, Füße und der Kopf boten noch Freiflächen. Von uns aus hätten wir gar keine neuen Erziehungsthemen mehr aufgenommen – doch das Kind brachte nun eigene Ideen vor. Es könne sich vorstellen, für einen Tigerstempel auch mal was anderes als Brot mit Butter oder Nudeln mit Ketchup zu essen. Brokkoli sei beispielsweise denkbar. Erbsen womöglich. Für den Einhornstempel sogar Rosenkohl. Die Verlockung war zu groß. Wir willigten ein und stempelten weiter. Abends im Bett versicherten mein Mann und ich uns aber, dass nun Schluss sei. Alles habe Grenzen, und auch wenn das außergewöhnlich gut funktioniere, so ginge das schließlich nicht weiter.

Um 2.30 Uhr stand das Kind auf der Türschwelle. Für Durchschlafen könne man es doch auch stempeln? Da wir bereits 1277 Tage auf diesen Moment gewartet hatten, stempelten wir schweren Herzens die letzte freie Stelle – das Gesicht.

Gesellschaftlich kommt es nicht sooo gut rüber, ein ganzkörpergestempeltes Kind zu haben – doch was soll man tun? Dafür sparen wir Windeln, das Kind ernährt sich gesund, wir schlafen durch, und es ist picobello aufgeräumt.

Löschung in der Kindererziehung, ein Anwendungsfall

Im *Star Trek*-Universum gibt es etwas, das sich die Oberste Direktive nennt. Sie ist die wichtigste Regel im gesamten Regelwerk der Sternenflotte. Sie wird auch das Prinzip der Nichteinmischung genannt und ist Grundprinzip der Außenpolitik der Vereinigten Föderation der Planeten. Zum einen gilt, dass sich die Föderation nicht in die inneren Angelegenheiten eines anderen Volks einmischen darf. Zum anderen verbietet sie die Kontaktaufnahme mit Präwarp-Zivilisationen, grob gesagt Zivilisationen also, die der (Weitstrecken-)Raumfahrt noch nicht mächtig sind.

Die Details sind hier auch gar nicht so wichtig. Wichtig ist: Sie gilt immer, und sie gilt für alle Mitglieder der Sternenflotte.

Ich frage mich manchmal, ob man sowas nicht für die eigene Familie einführen sollte: eine Oberste Direktive. Eine Regel, die immer gilt. Eine Regel, an die sich alle halten müssen. Kinder wie Erwachsene.

Theoretisch würde das viel Frieden bringen. Das ist ja auch Sinn der Obersten Direktive bei *Star Trek*.

Frieden für Eltern würde zum Beispiel ausreichend Schlaf bringen. Ausreichend Schlaf bedeutet nämlich, dass die Eltern ausgeglichen, gut gelaunt und kraftvoll in den Tag starten können. Es wäre also folgende Regel sinnvoll: »Niemand wird am Wochenende, im Urlaub und an Feiertagen vor halb neun geweckt. Niemand jemals. Egal was ist. Auch nicht am Geburtstag. Vor allem nicht am Geburtstag.«

Das ist doch eigentlich ganz einfach.

Es gibt nur einen Haken. Theorie und Praxis gehen selten so schlecht zusammen wie in Sachen Leben mit Kindern. Ich hab das selbst ausprobiert. Ich habe die Regel ausformuliert, mit Bildern illustriert und dem Kind einen Impulsvortrag darüber gehalten. Anschließend haben wir darüber diskutiert, und ich habe in einem Multiple-Choice-Test abgeprüft, dass das Kind mich auch wirklich verstanden hat.

Die Realität sieht dann so aus:

Es ist 5.30 Uhr, Kind 1 steht jammernd vor der Tür, es hätte nun schon drei Mal die Märchen-CD gehört und wolle jetzt endlich ins Schlafzimmer kommen. Zunächst haben wir uns nicht bewegt und kein Geräusch von uns gegeben. Kind 1 will aber nicht aufgeben und öffnet die Schlafzimmertür. Es schleicht sich leise an unser Bett, betrachtet uns eine Weile und schreit dann: »ICH BIN WACH.«

Mit blutunterlaufenen Augen weise ich auf die Vereinbarung hin, dass die Oberste Familiendirektive besagt: »Niemand steht vor Null Acht Drei Null auf.« Das Kind tut so, als habe es noch nie von dieser Regel gehört, und wirft sich strampelnd und kreischend auf den Boden, steht wieder auf, rauft sich die Haare, läuft im Flur auf und ab und ruft dabei seltsame Sätze wie: »Das ist Kindervernachlässigung!« oder »Habe ich nicht auch ein Anrecht auf ein kinderfreundliches Wochenende?«

Im Halbschlaf denke ich darüber nach, woher das Kind dieses Vokabular hat, und sage mir mandalaartig vor, was das Kindererziehungsbuch, das ich neulich gelesen habe, prophezeit: Das schwierige Vierjährige wird eines Nachts als bezauberndes Fünfjähriges aufwachen. Der Kindesvater neben mir murmelt derweil vor sich hin: »Was auch immer um mich herum ist, in meiner Mitte ist Ruhe.«

Dann kehrt tatsächlich Ruhe ein. Circa eine halbe Stunde lang. Ich kann aber nicht einschlafen, weil Ruhe für mich in manchen Konstellationen ein viel alarmierenderes Signal ist als Gezeter oder Geschrei. Ich kann diese Stille irgendwann kaum noch aushalten, und kurz bevor ich aufstehe, höre ich Kind 1 plötzlich wieder.

Es macht sich an der zweiten Schlafzimmertür zu schaffen. Dafür muss man wissen, dass unser Schlafzimmer insgesamt drei Türen hat. Es liegt also vor der zweiten Schlafzimmertür auf dem Boden und führt durch den Schlitz zwischen Boden und Tür Luft mit Hilfe einer Luftpumpe ein. PPPfffft Scccchhhht. Pft scht. Pft schschschschscht! Das klingt ein bisschen wie ein kleiner, wütender Drache, und würde das Kind das nur ein klein wenig rhythmischer machen, ich könnte bestimmt wieder einschlafen – aber nein – es ist völlig aus dem Takt. So hat das leider nichts Beruhigendes. So kann ich nicht schlafen. Das macht mich aggressiv. Es ist immer noch nicht mal sechs Uhr, und ich bin müde, müde, müde. Ich will meine Ruhe, nur noch neunzig Minuten, eine kleine Tiefschlafphase – mehr verlange ich doch gar nicht.

Plötzlich Stille, und dann wird die dritte Tür bearbeitet.

Ich bekomme Fantasien, wie ich mit einem Hammer rausrenne und wortlos die Luftpumpe zerschlage. Ein prüfender Blick zeigt, meinem Mann neben mir ist es tatsächlich gelungen, wieder einzuschlafen. Also beginne ich auch damit und beschwöre meine Mitte. Rein erziehungstechnisch ist es jetzt sehr, sehr wichtig, nicht zu reagieren. Zu reagieren, ja gar zu schimpfen oder Ähnliches, bedeutet verstärken. Da ich aber nicht möchte, dass das Kind sich im Frühaufstehen und Elternmalträtieren bestätigt fühlt, muss ich vor allem eins tun: nichts. Denn nur Nichtstun bedeutet, dass das Verhalten dauerhaft gelöscht wird, weil es keine Aufmerksamkeit erzeugt und das Kind das entsprechende Verhalten dann zukünftig weniger bis gar nicht mehr zeigen wird. So hat es mich die Super Nanny gelehrt!

Um Punkt halb neun hat Kind 1 endlich aufgegeben und ist spielen gegangen. Ich bewege mich vorsichtshalber weitere fünf Minuten nicht und wälze mich dann mit Freudentränen in die Arme meines Mannes: »Denkst du, für heute haben wir gewonnen?«

Elternleiden: Dass Säuglinge viel schreien, okay – aber DAVOR hat uns niemand gewarnt

Welches Schweinderl wären S' denn gern?

Ich bin nicht seit jeher Kinderfan. Genauer gesagt war ich mir bis zum Erreichen meines dreißigsten Lebensjahres ziemlich sicher, dass ich Kinder eher doof finde. Schließlich sind sie laut, kosten Geld und machen Schmutz. Ich bin eher in die Kindersache reingeschlittert, weil ich einen Mann mit fast gebrauchsfertigem Kind kennengelernt habe, und nach mehreren gemeinsamen Wochen und Monaten war mein psychologisches Interesse geweckt. Ich war schon immer sehr an Forschung interessiert, und hätte ich nicht gleich nach der Uni einen gut bezahlten Job gefunden, ich wäre sehr gerne in die Wissenschaft gegangen und hätte dort bahnbrechende Entdeckungen gemacht. Schon als Studentin habe ich mir vorgestellt, wie in dreißig Jahren ein Vorlesungssaal voller Studentinnen und Studenten meine Thesen und Ergebnisse in ihre Laptops (sofern es die in Zukunft noch geben wird) tippt und dahinter meinen Namen vermerkt. Cammarata ist schon ein guter Anfang, um im Gedächtnis der Studenten zu bleiben. Ich hätte mir nur noch einen Mann mit einem Nachnamen mit mindestens zehn Buchstaben angeln und dann durch die Hochzeit einen Doppelnamen annehmen müssen. Dann stünde in den Unterlagen der Studentinnen und Studenten »Theorie zur identifikatorischen Prilovaszilenz von Patricia Cammarata-Erbelsbachkoslowski«.

Jedenfalls als ich schlussendlich meinem zukünftigen Mann mit Kind 1 begegnete, flammte mein wissenschaftliches Interesse wieder lichterloh, und ich begann mit meinen Privatstudien rund um das kindliche Verhalten. Man muss dazu sagen, dass ich glücklicherweise an einer Uni studiert habe, die viel von Einzelfallanalyse hält. Eine ordentliche Grundgesamtheit n, die wissenschaftlich reliable und valide Allgemeinaussagen liefert, wäre ich zu gebären nicht imstande gewesen.

So betrieb ich die ersten Jahre zunächst Schwellenforschung, wobei mich vor allem die Schwellen von Erwachsenen im Vergleich zu denen der Kinder interessierten. Wie etwa die Schwelle, mit der man Wiederholungen erträgt.

Kind 1 fand es zum Beispiel sehr lustig, auf dem Bett herumzuspringen und »Miau miau« zu schreien. Mir fiel gleich auf, dass Kind 1 das sehr lange sehr lustig fand. Also gesellte ich mich dazu und schrie ebenfalls »Miau miau« und registrierte unmerklich die Anzahl der Wiederholungen.

Schnell bemerkte ich, dass mein Forschungsgeist, mein Durchhaltevermögen und einige andere dringend notwendige Fähigkeiten zum Abschluss dieses Experiments nicht ausreichend ausgeprägt waren. Ich musste mehrere Testreihen bei $n = 276$ Wiederholungen abbrechen. Als Teilergebnis meiner wissenschaftlichen Studie konnte ich immerhin festhalten, dass meine Schwelle bei circa zwölf Mal »Miau miau« schreien und hüpfen erreicht war. Die Schwelle des Kindes, wie gesagt, ist trotz jahrelanger intensiver Forschungsarbeit bislang nicht wissenschaftlich zu ermitteln.

Interessanter noch als die Schwellenforschung erweist es sich, motivationale Hintergründe des »Miau-miau-Schreiens« zu ergründen. Zumindest diese Frage ist psychologisch einfach zu beantworten. Die Kinder haben noch kein stabiles Selbstvertrauen.

Dieses bildet sich erst im Verlauf ihrer Entwicklung mit der steigenden Anzahl an Erfolgserlebnissen. Wenn sie Dinge wiederholen, stabilisieren sie ihre Erfahrungen, und es ist ihnen nach und nach möglich, einen stabilen Erwartungshorizont zu bilden, was sich positiv auf das Selbstbewusstsein (sie wissen, was passiert, sie können es vorhersagen) und das Kompetenzempfinden auswirkt.

Im Moment forsche ich an der Ergründung einer anderen sehr interessanten Frage. Es ist die Frage des kindlichen Anthropomorphismus: Warum wollen Kinder andere Dinge sein, und noch schlimmer, warum wollen sie, dass ICH andere Dinge bin? Kinderlose Menschen werden das nicht kennen, aber alle Eltern von Kindern im Kindergartenalter wissen sofort, um was es geht. Bei uns ist jedes unserer Kinder früher oder später in diese Phase gekommen. Dann werde ich mit Fragen der folgenden Art gelöchert:

»Welcher Power Ranger willst du sein?« (und mit dieser Frage ist man noch gut bedient, denn man kann rational nach Farben und/oder Fähigkeiten der einzelnen Power Ranger eine Entscheidung treffen)

Schwieriger wird es bei:

»Welches Pferd willst du sein?«

Und richtig lange meditieren kann man über Fragen, wie:

»Welcher Stein willst du sein?«

Wer glaubt, dass man einfach zufällig auf eines der zur Auswahl stehenden Objekte zeigt, »der da« beziehungsweise »das da« sagt und damit ein Kind zufriedenstellen kann, der irrt. Die nächste Frage lautet nämlich »Warum?«, und dann gilt es eine ausdifferenzierte Antwort zu geben, oder man gelangt in die unendliche Warum-Fragen-Möbius-Schleife. Es erfordert also viel Einfühlungsvermögen und eine sehr klare Argumentationsweise, um ein Kind im Kindergartenalter von der lapidar zugeworfenen

Antwort: »Ich möchte Gia Moran, der gelbe Megaforce-Ranger sein«, »Ich möchte ein Palomino sein«, oder: »Ich möchte ein Citrin sein«, zu überzeugen.

Und natürlich muss man sich mit allem auskennen. Es empfiehlt sich also abends, wenn die Kinder schlafen, alles an Dokumentationen mitzunehmen, was man finden kann, und sich dazu auch Notizen zu machen. Es reicht eben nicht zu wissen, dass ein Citrin ein gelber Quarz ist. Man muss auch alle angrenzenden Fragen beantworten können.

»Welcher Stein möchtest du sein?«

»Ich wäre gerne ein Citrin.«

»Warum?«

»Weil natürlich vorkommende Citrine so selten sind und ich mich auch so besonders fühle.«

»Warum?«

»Weil ich ein einzigartiger Mensch bin.«

»Warum?«

»Weil jeder Mensch eine genetische Mischung seiner Vorfahren ist. Bei 23 000 Genen von je zwei Menschen ergeben sich daraus mehrere Millionen Möglichkeiten. Wenn man nicht zufällig ein eineiiger Zwilling ist, dann kommt genau diese Genkombination kein zweites Mal vor. Da ich keine Zwillingsschwester habe, fühle ich mich einzigartig. Das gilt übrigens nicht nur für den Gensatz. Schließlich gibt es auch noch Umweltfaktoren, welche die genetische Grundausstattung beeinflussen ...«

Man muss dabei schnell sprechen und viele Fremdwörter und Zahlen benutzen, sodass dem Kind ein bisschen schwindelig wird beim Zuhören. Wenn man sieht, dass sich die Augen langsam nach oben drehen, muss man etwas monotoner sprechen, und mit etwas Glück schläft das Kind langsam ein.

Je öfter das Kind einschläft, desto seltener stellt es diese Personifizierungsfragen und hört nach wenigen Wochen dann auf, diese Fragen überhaupt zu stellen. Ich merke jedoch, dass es durchaus sinnvoll gewesen wäre, noch einige zusätzliche Nebenfächer im Studium zu belegen, oder dass ich zumindest ein Aufbaustudium hätte nachlegen sollen. Bei manchen Fragen gerate ich doch immer noch etwas ins Schwimmen.

Von Frühlingspflanzen und kindlichem Forschungsdrang

Kinder fassen Dinge gerne an. Ich nenne das den »kindlichen Begreifdrang« und meine damit im wortwörtlichen Sinne, dass Kinder alles anfassen, um es zu begreifen. Und obwohl man sich vorgenommen hat, bestimmte Sätze nicht auszusprechen, weil man sie von den eigenen Eltern immer und immer wieder gehört hat, sagt man plötzlich Sätze wie: »Nicht alles anfassen!«, oder: »Man guckt mit den Augen, nicht mit den Händen!«

Natürlich hören die Kinder nicht. Ich hab ja auch nie gehört. Das Bedürfnis, die Welt im wahrsten Sinne des Wortes zu *erfassen*, ist einfach übermächtig. Eigentlich ist dieses Bedürfnis ja auch sinnvoll, weil die Kinder so ihre Welt kennen und verstehen lernen. Ein bisschen anstrengend ist es allerdings, dass Kinder auch gerne Dinge in den Mund nehmen. Denn bekanntermaßen hat die Zunge mindestens genauso viele Tastpunkte wie zum Beispiel die Fingerspitzen. Das ist nicht mal auf eine bestimmte Lebensphase beschränkt. Kind 2 hat als Baby nie Sachen in den Mund genommen und dann plötzlich im Vorschulalter alles mit der Zunge inspiziert. Es hat schon sehr seltsame Dinge verschluckt. Münzen gehören da zu den eher gewöhnlichen Gegenständen.

Diesem Umstand geschuldet, ergeben sich im Zusammenleben mit Kindern ganz neue Probleme. Es stellt sich nämlich beispielsweise die Frage, was alles giftig ist und was nicht. Ich habe früher auch nur müde über solche Fragen gelächelt. Doch eines Tages erzählte mir eine Mutter entsetzt, dass ihr Kind auf einer Geburtstagsparty eingeladen war, auf der es erlaubt war, dass die Kinder Luftballons aufpusteten. Mit dem Mund! Ich denke, ich habe in meiner Kindheit rund hundert Luftballons aufgepustet. Mir und offenbar meinen Eltern war nicht klar, dass Luftballonaufpusten aufgrund der Nitrosamine wirklich alles andere als gesund ist. Natürlich macht auch hier die Dosis das Gift. Aber was nicht unbedingt sein muss, kann man irgendwie auch lassen.

Genauso wenig wusste ich, welche Zimmerpflanzen giftig sind und welche nicht. Im Gegensatz zu meinen Kindern streichele ich Pflanzen eher selten, und ich lecke auch nie probeweise daran. In einem Kindernewsletter wurde ich dann vor den Gefahren der Dieffenbachie gewarnt, die wir tatsächlich zu Hause hatten. Ich hab sie einer kinderlosen Freundin geschenkt, weil ich es nicht übers Herz brachte, sie einfach wegzuwerfen.

Okay, das ist gelogen. Ich habe versucht sie wegzuwerfen. Ich stellte sie zunächst in den Flur, um sie zu den Mülltonnen zu bringen. Wie das so ist, vergaß ich sie dann aber auf dem Weg zu den Mülltonnen mitzunehmen. Wer auch immer mich besuchte und fragte, was mit der Pflanze da geschähe, war aufs Äußerste entsetzt über mein grauenerweckendes Vorhaben. Pflanzen hätten doch eine Seele, man könne sie doch nicht einfach WEGWERFEN! Wie herzlos sei das denn? Ich solle sie lieber auf die Straße stellen und liebevoll mit einem Zettel mit der Aufschrift »Nimm mich mit, ich suche ein neues Zuhause« versehen. Papperlapapp, dachte ich und nahm die Pflanze mit nach unten. Und was tut sie? Sie springt vor dem Biomülleimer beherzt aus dem Topf und wählt vor der Zuführung zu stinkenden Gemüseresten den Freitod. Das hat mich fast etwas traumatisiert. Um nicht immer an diese Pflanze zu denken, wie sie daliegt, zerschmettert, mitten in ihrem eigenen Humus, die gebrochenen Ästchen quer über den Weg verteilt, hab ich sie wieder hochgenommen und neu eingepflanzt, gedüngt, ihr gut zugeredet und sie schlussendlich an meine Freundin weitergegeben.

Was das allgemeine Wissen über Zimmerpflanzen angeht, muss ich zugeben, dass es sehr begrenzt ist, und da ich ohnehin keinen grünen Daumen habe, habe ich nach und nach alle Pflanzen auf die eine oder andere Weise aus unserer Wohnung verbannt. Lediglich die saisonalen Pflanzen, die fanden immer wieder ihren Weg zu uns.

Nach einem langen, trüben Winter ist es einfach zu verlockend, ein paar Farbkleckse in die Wohnung zu bekommen. Primeln, Narzissen, Tulpen, Hyazinthen, ein Strauß Maiglöckchen. Die geneigte Botanikerin sitzt jetzt vermutlich aufrecht im Stuhl. Die Primel eingeschlossen sind all diese Pflanzen giftig. Folglich hatten also auch Frühjahrsblüher Hausverbot – nur am Balkon dürfen sie weiterhin stehen, denn dort sind die Kinder ohnehin nie völlig unbeobachtet.

Statt die Pflanzen jeden Frühling frisch zu kaufen, legten wir uns eine schöne Palette saisonal passender Stoff- und Plastikblumen zu. Das ist sehr praktisch. Man lagert sie in einem Schrank, entstaubt sie ein wenig, bevor man sie ans Fensterbrett stellt, und wenn die neue Jahreszeit anbricht, packt man sie wieder ein und kann sie im nächsten Jahr wieder benutzen. Einige unserer Pflanzen kann man sogar in die Spülmaschine stellen. Wenn man es dann noch schafft, rechtzeitig die Fenster zu putzen, sieht es richtig hübsch aus in der Wohnung.

Passend zu den Plastikgewächsen haben wir uns auch Vasen aus Gummi gekauft. Wenn das kindliche Verlangen nach haptischer Erfahrung sich dann mit einem gewissen Maß an Ungeschicklichkeit paart und die Vase samt Blumenpracht aus dem Gleichgewicht gerät, kann man ganz entspannt sitzen bleiben. Die Vase hüpft einfach zwei bis drei Mal auf, ehe sie zur Ruhe kommt. Man muss dann nur aufstehen, die Blümchen aufsammeln und wieder drapieren. Fertig. Kein Scherben, keine zerfledderten Blumen und auch kein Wasser, das aufgewischt werden muss. Ich mag's ja sehr gerne praktisch und kann das deswegen nur sehr empfehlen.

Gemeinsam mit einer Luftballonpumpe sind diese Vasen übrigens ein wunderbares Einzugsgeschenk für Freunde, die zusammenziehen, um eine Familie zu gründen. Diese beiden Sachen und vielleicht ein Paar Plastikblumen machen das Leben mit kleinen Kindern nicht nur sicher, sondern auch unkompliziert und frühlingshaft bunt.

Däumelinchen, looped

Ich spiele im Moment mit dem Gedanken, eine Selbsthilfegruppe für Erwachsene mit Kindern, die Kassetten- und CD-Spieler besitzen, zu gründen.

Erste Schäden nahm ich bereits als Teenager durch meine acht Jahre jüngere Schwester, die sechzehn Stunden am Tag *Bibi Blocksberg* konsumierte. Immerhin hörte sie verschiedene Folgen, was das Ganze einigermaßen erträglich machte. Durch die Titelmelodie trug ich zwischen meinem 14. und 20. Lebensjahr einen Dauerohrwurm mit mir herum. Ich verlor ihn erst durch übermäßigen Alkoholgenuss an meiner Abschlussfeier.

Wie gesagt, meine Schwester, die mochte Abwechslung. Kind 1 hingegen ist ein begnadeter Auswendiglerner. Schon mit weniger als drei Jahren sang es mit großer Begeisterung komplette

Popsongtexte, die seinerzeit in den Charts zu hören waren. Vornehmlich Sportfreunde Stiller, und ich denke, eines Tages wird Kind 1 ein berühmter Sänger, und dann werden Sie sagen können, jaja, das habe ich gewusst, das habe ich 2015 schon in diesem Buch gelesen. Jedenfalls waren Songtexte einfach keine angemessene Herausforderung für das Kind. Alles ist rhythmisch und reimt sich, und dann sind fünf Strophen und der Refrain schnell auswendig gelernt. Es stellte sich also neuen Herausforderungen und begann damit, komplette Hörspiel-CDs auswendig zu lernen. Erst wenn die eine CD komplett im Gehirn abgespeichert war, ging das Kind dazu über, eine neue anzuhören.

So kommt es, dass ich bereits 765 Mal *Däumelinchen* gehört habe. Wenn mein Gehirn zu Erholungszwecken auf Stand-by geht, sagt es in einer immerwährenden Schleife: »Quarks, quarks kekekeck!« (So wie der garstige Sohn der Unke, die Däumelinchen schlafend aus ihrem Zuhause entführt, um sie zwangsweise zu ehelichen).

All das wäre auch noch zu ertragen, wenn das arme Kind von dieser CD nicht völlig abhängig wäre.

Es kriecht morgens mit schlafverkrusteten Augen aus dem Bett und stellt zuallererst den CD-Player an. Wenn es zum Frühstück kommen soll, ignoriert es unser Rufen und dreht stattdessen die Lautstärke auf. Wir führen es dann sanft an den Essenstisch. Wenn wir uns beschweren, dass das aus dem Kinderzimmer plärrende Hörspiel unsere Tischkonversation stört, schiebt es sein Essen weg und sagt: »Ich habe keinen Hunger mehr!« und geht wie ferngesteuert in sein Zimmer zurück.

Die Abhängigkeit bringt viele Probleme mit sich:

Es kann sich nicht anziehen, weil es dann wenige Millisekunden lang einen Pullover über den Ohren hätte. Zähne putzen kann es nicht, weil das Bad so weit entfernt ist, dass die Lautstärke des CD-Spielers nicht ausreicht, um das Badezimmer entsprechend zu beschallen. In den Kindergarten will es nicht, weil es dort kein CD-Abspielgerät gibt. Wenn wir mit ihm sprechen wollen, schlägt es die Tür zu oder stellt ebenfalls den Ton lauter.

Wir sind jetzt dazu übergegangen, es schweigend in Tücher zu wickeln. Irgendwas muss das arme Kind ja anziehen.

Wir bringen ihm sein Essen an die Türschwelle und klopfen artig. Dann öffnet sich die Tür einen Spalt, eine Kinderhand kommt raus und holt den Teller rein. Der Vater und ich wechseln uns im Homeoffice ab. Irgendwer muss das Kind zumindest beaufsichtigen und regelmäßig ein Töpfchen ins Zimmer schieben, sodass es seine Notdurft verrichten kann.

Die Kommunikation wird zunehmend schwerer, denn es kann noch nicht lesen oder schreiben. Es schiebt uns deswegen manchmal kleine Memorykarten raus, die uns, richtig gedeutet, anzeigen, was es braucht. Limonade oder Schokolade zum Beispiel.

Es sorgt uns, dass das Kind so wenig trinkt. Es sagt, es möchte nicht zu viel trinken, denn dann müsste es zu oft pullern, und pullern bedeutet, dass es nur schwer zuhören kann.

Mein Mann vermisst sein Kind sehr. Er hat es schon seit zehn Tagen nicht gesehen.

Ich habe hin und her überlegt, um eine Lösung zu finden. Wir haben uns nun entschieden, eine CD aufzunehmen, die wir ihm ins Zimmer legen. Irgendwann wechselt es erfahrungsgemäß die CD. Das haben wir schon beobachtet. Es fing ja alles mit dem *Tapferen Schneiderlein* an.

Wir haben ihm eine Botschaft auf die CD gesprochen, weil wir keine anderen Möglichkeiten mehr sehen.

»Hallo Kind, hier sind die Erwachsenen, mit denen du zusammenlebst. Wir vermissen dich sehr, und wenn du rauskommst, gibt es jeden Tag Pfannkuchen und Nutellabrote. Du darfst Kindercola trinken und vier Stunden am Tag fernsehen. Aufräumen musst du nicht mehr, bis du vierzehn bist, und Papa macht die ersten sechs Jahre deine Hausaufgaben.

Du darfst täglich mit Taucherbrille baden gehen und dich vom Beckenrand in die Fluten werfen, sodass das Wasser über den Rand schwappt und das Bad flutet. Wenn du weitere Forderungen hast, schiebe die entsprechenden Memorykärtchen unter der Türschwelle durch. Wir warten dort und sind verhandlungsbereit. In Liebe, dein Papa und Patricia.«

Anders anziehen

Ich sitze in einem Meeting und langweile mich ein bisschen. Neben mir sitzt eine Frau in einem schwarzen Kostüm. Sie trägt dazu eine weiße, gebügelte Bluse. Ich betrachte ihre rechte Hand und entdecke einen Ehering. Sie hat ungefähr mein Alter. Bestimmt hat sie Kinder. Sehr brave, unkomplizierte Kinder? Sonst fände sie nicht Zeit, ihre Blusen zu bügeln. Oder sie verdient gut. Dann gibt sie ihre Blusen in die Reinigung. Das kostet pro Bluse um die sieben Euro. Das ist eine Menge Geld. Aber Blusen werden immer handgebügelt – im Gegensatz zu Männerhemden, die werden auf eine Puppe gezogen und von unten trocken und glatt gepustet. Weil das halbautomatisiert ist, kann man Hemden schon für unter zwei Euro waschen und bügeln lassen.

Ich schaue auf ihren Blazer. Makellos schwarz. Also schwarz schwarz. Ich schaue auf meinen Blazer. Er ist auch schwarz. Mit Mustern. Wohlwollend könnte man sagen »meliert«. Er ist wirklich me**h**liert. Das ursprüngliche Wort »meliert« kommt aus dem Französischen von »Melange« und bedeutet gemischt, aus verschiedenfarbigen Fasern gemischt. Mein Blazer hingegen hat Mehlflecken. Viele kleine, glücklicherweise mehr oder minder regelmäßig verteilte Flecken. Würde die Dame neben mir mein Blazermuster näher betrachten, dann würde sie Abdrücke kleiner Fingerkuppen entdecken. Heute Morgen ging es bei uns zuhause nämlich heiß her. Ich hatte vergessen, Brot einzukaufen, und deswegen habe ich zum Frühstück schnell Waffeln gebacken. Ich bin extra um 6 Uhr aufgestanden, damit mir die Kinder nicht helfen. Aber ich war offenbar zu laut, denn zehn Minuten später standen zwei enthusiastische Kinder in der Küche und unterstützten mich bei der Mehlzerstäubung. NATÜRLICH hatte ich meinen Blazer um 6.10 Uhr noch nicht an. Wir aßen, putzten uns die Zähne, und erst dann zogen wir uns an. Ich ziehe mich grundsätzlich erst circa zwanzig Millisekunden, bevor wir das Haus verlassen, an. Die Kinder standen schon im Flur, und ich wollte die Tür gerade schließen, als dem Jüngsten einfiel, dass es nochmal dringend Pipi müsse. Wir warteten geduldig. Dann kam das Kind überraschenderweise mit einer überzähligen Waffel aus der Wohnung zurück. Ehe ich eine Schutzdecke über das Kind werfen konnte, reichte es mir die Waffel: »Für disch, wenn du Hunger hast, Mami.«

Ich versuchte, Abstand zu wahren, und streckte ihm mit spitzen Fingern meine mit einem Taschentuch geschützte Hand entgegen, um die Waffel zu nehmen und in meiner Handtasche verschwinden zu lassen. »Isch will disch küssen!«, sagte das Kind und machte einen Schritt auf mich zu. Ja, und was soll man da machen? Bussi, Bussi rufen, auf dem Absatz kehrtmachen und das Treppenhaus runterlaufen? Ich habe natürlich versucht, das Kind nur mit den Lippen zu berühren, aber es erwischte mich am Kragen, zog mich mit den Patschehändchen zu sich heran und umarmte mich. Als wir uns wieder voneinander lösten, war ich ein schwarz-weiß gefleckter Mehl-Leopard (Mehlopard). Ich klopfte, rubbelte und strich den Stoff aus, aber am Ende war das Mehl immer noch zu sehen. Lediglich etwas besser verteilt.

Ich kenne das. Das ist immer so. Ich habe IMMER Flecken. Immer. Ich kann tun, was ich will.

Vor der Geburt der Kinder hat mir niemand gesagt, dass das so ist. Vor der Schwangerschaft habe ich ungefähr fünfzig Prozent meines Einkommens für Kleidung ausgegeben. Ich besaß

die prächtigsten Kleider. Ich besaß Anzüge in allen Farben des Regenbogens. Sogar weiße. Blusen! Geblümte! Gepunktete! Gestreifte! Zu jedem Outfit das passende Handtäschchen und die wunderschönsten Schuhe.

Dann gebar ich ein Kind. Ein Kind der Kategorie »Spuckkind«. Das sind Kinder, die Unmengen von Milch erbrechen. Ich habe das nicht empirisch belegen können, aber ich bin der festen Überzeugung, dass sie mehr Milch spucken, als sie trinken können. Ich stillte das Kind, klopfte ihm sanft den Rücken, und es spuckte Milch. Ich bewegte das Kind, es spuckte Milch. Ich schaute das Kind an, es lächelte und spuckte Milch. Ich setzte mir das Kind auf die Schulter, und es spuckte mir glucksend Milch in die Haare. Ich hatte immer Milchflecken. Ich zog also nur noch die ältesten und ausgeleiertsten Klamotten an. Übergangsweise. Ich hatte die Hoffnung, dass es mit dem Breizufüttern besser würde. Es wurde aber nicht besser. Es wurde nur bunter. Orange, grün, mischkostfarben.

Nach achtzehn Monaten hatte ich es satt, immer in Sackleinen rumzulaufen. Ich zog wieder hübschere, wenngleich gut zu reinigende Kleidung an und fand mich mit den Flecken ab. Das ist auch heute mein Kompromiss. Ich sehe einigermaßen gut gekleidet aus, aber ich bin immer fleckig. Seitdem schaue ich mir andere Eltern immer ganz genau an und habe erkannt, dass die meisten Menschen mit Kindern eigentlich genauso aussehen wie ich. Sie tragen ihre Flecken mit Würde. Nur eine sehr kleine Gruppe von Eltern ist perfekt und SAUBER gekleidet. Ob die einen Trick haben oder ob sie vielleicht Eltern sind, die nur getrennt durch eine Glasscheibe an ihren Kindern teilhaben (immerhin könnte man durch eine Glasscheibe mit winzigen Löchern noch vorlesen, Gute-Nacht-Lieder singen oder Kasperletheater spielen) – ich weiß es nicht. Ich denke, es wird mir immer ein Geheimnis bleiben.

Nackte Nudeln
Neulich habe ich es mal wieder getan. Ich habe das Essen gepfeffert. Zwei Umdrehungen mit der Pfeffermühle auf zwei Kilo Bratkartoffeln. Ich habe es getan, obwohl ich weiß, dass meine

Kinder das nicht mögen. Ich dachte, sie schmecken es nicht. Bevor ich die Bratkartoffeln auf die Teller verteilt habe, habe ich geprüft, ob man den Pfeffer sehen kann. Konnte man nicht. Also habe ich die Portionen kommentarlos auf die Plätze meiner Kinder gestellt.

Kind 2 pikste eine Kartoffel auf, betrachtete sie kritisch und schob sie dann in den Mund. Schon während es den Mund schloss, verzog es das Gesicht langsam zu einer Grimasse. »Du hast da wieder Pfeffer reingemacht!« Kind 3 schaute erschreckt auf und schob den Teller reflexartig von sich. »Erdbeerjogurt!« Das Bratkartoffelessen war beendet.

Da zeigt sich doch, dass Homöopathie Unsinn ist. Schließlich heißt es da »similia similibus curentur« (Ähnliches soll durch Ähnliches geheilt werden). Die winzige Dosis Pfeffer hätte demnach dazu führen müssen, dass meine Kinder in Zukunft ihre Pfefferhypersensibilität verlieren. Ich weiß, ich weiß, die Potenz hat nicht gestimmt. Ich hätte das Bratkartoffelgemenge noch stärker vermischen müssen. Sodass am Ende auf ein Teil Pfeffer 49 000 Teile Bratkartoffeln kommt.

Tatsache ist jedenfalls, dass die Kinder absolut nichts essen, was in irgendeiner Form Kontakt zu Pfeffer hatte. Sie sind aber nicht nur in Sachen Gewürze wählerisch. Sie essen auch sonst nur sehr selektiv. Dass sie nicht an Skorbut leiden und ihnen alle Zähne ausfallen, liegt lediglich an dem Umstand, dass sie Obst lieben. Deshalb geht circa zwanzig Prozent meines Nettoeinkommens für Himbeeren, Mangos und Pomelos drauf. Mein Ökogewissen plagt mich dabei regelmäßig, denn ich kaufe diese Sachen unabhängig von der Jahreszeit auch mit dem Wissen um die grauenhafte CO_2-Bilanz. Aber was soll ich denn tun, IRGENDWAS Gesundes müssen sie doch essen?

Sie ernähren sich abgesehen davon nämlich überwiegend von

Nudeln ohne alles oder Erdbeerjogurt. Manchmal essen sie Stullen mit Butter. Manchmal Brötchen mit italienischer Fenchelsalami und getrockneten Tomaten. Das haben sie mal beim italienischen Opa probiert. Die Salami trägt den beschwingten Namen Finocchiona Antica Macelleria Falorni, und ich importiere sie direkt aus der Toskana. Sie hat einen hohen Fettanteil und ist deswegen sehr weich. Gewürzt ist sie nur mit Fenchelsamen und Meersalz (kein Pfeffer!). Sie kostet sieben Euro pro hundert Gramm – aber wie gesagt, von irgendwas müssen die Kinder ja ernährt werden.

Was ich für Nahrungsmittel für die Kinder ausgebe, das spare ich an meiner eigenen Ernährung. Für mich brauche ich nämlich nichts. Im Grunde ernähre ich mich wie Schneewittchen. Die hatte auch kein eigenes Tellerchen und kein eigenes Gäbelchen. Die begnügte sich damit, von jedem Zwergenteller etwas aufzupicken. Genauso mache ich das auch. Ich esse, was die Kinder übrig lassen. Einen Brotkanten hier, ein Wurstzipfel da, ein paar Löffel Jogurt, ein Stückchen rohe Möhre. Da jedes Kind andere Sachen isst, ernähre ich mich sehr ausgewogen.

Kind 1 isst Paprika. Aber nur rote und nur roh.

Kind 2 isst Teewurst. Aber nur auf Sonnenblumenkernbrot.

Kind 3 isst Reis mit Ketschup.

Ich weiß nicht, wie das gekommen ist. Ich weiß es nicht. Vielleicht habe ich erzieherisch total versagt. Aber ich bringe es nicht über mich, meine Kinder zum Essen zu zwingen. Die waren schon als Baby so. Nachdem ich alle gängigen Breis, die man käuflich erwerben kann, durchprobiert hatte, begann ich Breie selbst zu kochen, und als ich bei Süßkartoffelbrei angelangt war, begann das Baby plötzlich zu essen. Ein Jahr später fuhren wir im Sommer nach Schweden und entdeckten Mangobrei. Das Kind fing gerade an zu sprechen: »Mama!«, »Papa!«, »Ball!«, »Da!«,

»MAMBO!« Zum Glück waren wir mit dem Wohnwagen unterwegs. Wir warfen alles, was wir nicht unbedingt benötigten, raus und kauften fünfzig Paletten Mangobrei.

Das aß das Kind, bis es drei war. Süßkartoffeln und Mango.

Die ersten Jahre habe ich tatsächlich noch versucht, Dinge zu kochen, die wir alle mögen. Diese Idee war unglaublich dumm. Denn der kleinste gemeinsame Nenner sind eben »Nudeln ohne alles«. Als erwachsener Mensch kann man Nudeln ohne alles aber nicht jeden Tag aushalten. Man läuft schon beim bloßen Anblick Gefahr, an Langeweile zu sterben.

Also koche ich jetzt, was mir schmeckt, und die Kinder essen es nicht. Das ist uns ein lieb gewonnenes Ritual geworden.

Endlose Spielenachmittage

Es war so. Kind 2 war irgendwann ziemlich genervt, weil ich immerzu in mein Telefon schaute. Es ginge dabei nicht nur um die ständige Ablenkung, es sei auch besorgt, weil ich beinahe süchtig wirkte, und Sucht, das sei eine schlechte Sache, das wüsste schließlich jede/r. Als ich dennoch nicht hören wollte, erarbeitete Kind 2 einen Kompromiss. Ich dürfe alle Tage ins Handy schauen – nur Mittwochnachmittag nicht. Da sei ab jetzt ein echter Spielenachmittag. Echt heißt in dem Fall, dass die Kinder nicht nur jedes für sich oder miteinander spielen, sondern dass ich mit den Kindern spielen muss. Bei der Auslegung des Wortes »spielen« sei Kind 2 jedoch flexibel. Wir könnten am Computer spielen, fernsehen (diabolisches Grinsen, während es diese beiden Aktivitäten vorschlug), basteln, kochen oder Gesellschaftsspiele spielen.

Was es nicht gesagt hatte, wir müssen dabei im Hintergrund Radio Teddy hören. Das ist eine schlimme Sache und erscheint mir fast ein bisschen übertrieben streng für mein Fehlverhalten.

Die ersten Mittwochnachmittage bastelten wir, dann kochten wir, dann buken wir, dann puzzelten wir, dann machten wir Knickbilder, dann spielten wir Karten, und gestern spielten wir *Monopoly*.

Ich kann mich gut daran erinnern, dass ich *Monopoly* als Kind sehr toll fand. Meine Eltern haben gefühlt zehn Mal in meiner gesamten Kindheit mit mir gespielt. Davon drei Mal *Monopoly*, vier Mal *Spiel des Wissens* und den Rest so ein Spiel mit kleinen Autos, in die man Stäbchen reinsteckte, je nachdem, wie viel EhepartnerInnen und Kinder man während des Spiels anhäufte, ich glaube, es hieß *Spiel des Lebens*.

Was das Monopolyspielen angeht, kann ich mich jedoch nicht erinnern, *was* mir daran so gefiel. Ich glaube, ich habe nicht einmal gewonnen.

Im Hinterkopf die Begeisterung meiner Kindheit, willigte ich ein, und wir spielten los. Kind 3 wurde als hauptamtlicher Würfler für mich eingestellt. In Runde fünf musste das eifrige Kind allerdings ausgeschlossen werden, weil es mit großem Ehrgeiz und Treffsicherheit ständig alle Häuschen vom Feld würfelte. Das alleine wäre noch in Ordnung gewesen. Jedoch dauerte die Zielphase sehr, sehr lange. Kind 3 nahm dabei den Würfel in die Hand, kniff die Augen zusammen, suchte sich eine Ansammlung Häuser auf dem Spielfeld aus und schüttelte dann den Würfel. Erst langsam und dann immer schneller. Währenddessen visierte es sein Ziel an, schob die Zunge zwischen die Lippen und warf erst nach endlosen Minuten des Zielens die Würfel mit maximalem Schwung auf das Feld.

Hätte ich gewusst, wie langweilig das Spiel ohne Kind 3 ist, ich hätte es allerdings nicht weggeschickt.

Wir spielten eine ereignislose Stunde, und als ich dann wirklich nicht mehr konnte (ich habe versucht, das Spiel als Demutsübung zu sehen, so wie das geduldige Stehen an autolosen, roten Verkehrsampeln, WIRKLICH), bat ich um Beendung. Nein, das Spiel ist erst beendet, wenn ein/e SpielerIn kein Geld mehr hat. Der Haufen Geld vor mir wollte aber einfach nicht weniger werden. Spätestens wenn ich über »Los« oder versehentlich auf das Feld »Wundertüte« kam (wir spielten *Kindermonopoly*), war ich wieder solvent.

Nach eineinhalb Stunden begann ich, mein Guthaben heimlich in die Kasse zurückzustecken. Erst die großen Scheine und dann nach und nach die kleinen. Ich musste zwischendurch auf Toilette, und als ich wiederkam, waren meine Häuschen, die ich bislang noch nicht auf Felder stellen konnte, plötzlich verschwunden, beziehungsweise sie standen offensichtlich irgendwo auf dem Spielfeld. Meine Kassen klingelten endlos.

Dann neigte sich das Geld von Kind 1 dem Ende zu, was Kind 2 gleich kommentierte: »Ich werde dein Unterstützer! Hier hast du ein paar Scheine, gib mir einfach ein bisschen was zurück, wenn du wieder Einnahmen hast.«

Ich war entsetzt. »Das, das geht nicht! Das erlauben die Regeln nicht!«, protestierte ich.

Beide Kinder schauten mich fragend an: »Man soll doch teilen! Bei Geld hört das wohl auf? Was ist mit den Bedürftigen, hm?«

Aus Gründen der Erziehung zum moralisch Guten blieb mir nur, die Regelanpassungen zu akzeptieren. Das Spiel ging endlos weiter. Es war durch nichts abzubrechen. »Habt ihr jetzt nicht mächtig Hunger?« (Es war bereits 19 Uhr.)

»Nö!«

»Vielleicht ein bisschen fernsehen?«

»Nein, gerade macht es doch so Spaß.«

»Süßigkeiten?«

»Ne, danke.«

»Tropical Island?«

»Ist doch zu spät jetzt, Mama.«

»Disneyland Paris?«

»Mama! Jetzt spiel endlich, du bist dran!«

Und wenn sie nicht fertiggeworden sind, dann spielen sie noch heute.

Ohrwürmer

Wenn man sich für ein Kind entscheidet, weiß man eigentlich gar nicht, was da auf einen zukommt. Weniger Schlaf, das ahnen die meisten. Windeln wechseln. Gegebenenfalls Besuche beim Kinderarzt. Aber sonst? Niemand sagt einem vorher die Wahrheit. Die ganze Wahrheit. Nur ich. Ich bin so nett. Ich mache sogar eine Serie daraus.

Heute: *Wie sich die Musik in eurem Zuhause verändert*

Als das erste Kind kam, packte der gute Musikgeschmack seine Sachen und verließ mich. Nein, eigentlich ist das falsch. Er ging nicht von heute auf morgen. Er verließ mich schrittweise. Jeden Tag ein bisschen mehr. Wobei, auch das ist unpräzise. Genau genommen blieb der Musikgeschmack – aber die dazu passende Musik verließ uns.

Das erste Baby ward geboren, und in mir wuchs der Wunsch, für mein Kind zu singen. Ich denke, ein Nebeneffekt der Hormone, denn eine große Sängerin war ich noch nie. Nicht mal unter der Dusche. Ich hatte lediglich die Entwicklungsphase pubertierender Mädchen mitgemacht, in der man gemeinsam Popsongs hört. Immer und immer wieder. Bis man sie auswendig konnte. Ich bin in einer Zeit aufgewachsen, als es noch kein Internet gab. Wir konnten nie googeln: »Lyrics Madonna Vogue«. Wir saßen damals vor dem Radio und warteten darauf, dass das Lied gespielt wurde. Wenn es endlich passierte, drückten wir hektisch den Aufnahmeknopf am Kassettendeck. Im Anschluss wurde das Lied dann stückweise abgespielt. Satz für Satz wurde abgehört und transkribiert.

»Strike a pose

Strike a pose

Vogue, vogue, vogue

Vogue, vogue, vogue.«

Okay, das war nicht so anspruchsvoll, aber es war nötig, um das Lied hinterher auswendig zu lernen.

»Hey, hey, hey

Come on, vogue.«

Es dauerte je nach Lied Stunden, bis man alle Zeilen zusammenhatte. Am Ende konnte ich Melodie und Text auswendig, aber ich hatte das Lied so oft gehört, dass ich eigentlich keine Lust mehr hatte, es zu singen. Ich beschränkte mich auf die Sängerinnen und Sänger, die man noch halbwegs gut verstehen konnte. Damals, in den frühen Neunzigern, gab es eine Menge Songs, die man kaum verstehen und von denen man lediglich die Lautsprache notieren konnte.

Whitney Houston war für mich beispielsweise sehr schwer zu verstehen, und so wunderte ich mich jahrelang, warum sie in

Saving All My Love For You »Cos I'm shaving off my muff for you« sang.

Jetzt, da ich diese Zeilen tippe, wird mir klar, dass mein Musikgeschmack der Neunziger nicht wahnsinnig anspruchsvoll war, aber im Vergleich zu dem, was ich heutzutage hören muss, sind Madonna und Whitney Houston wirklich unfassbar komplex.

Es fing, wie gesagt, im Babyalter an. Da wollte ich den Kindern Einschlaflieder vorsingen. Leider kannte ich keine. Also tätigte ich Verzweiflungskäufe. Zunächst spontan aus dem Drogerieregal den Titel *Süße Einschlaflieder für Babys* für nur 2,99 Euro. Es war g r a u e n h a f t! Also suchte ich auf Amazon nach Kinderlieder-CDs und las stundenlang gewissenhaft Rezensionen.

»Mein Sternchen liebt die Lieder, wir hören sie rauf und runter. Die Lieder werden auch im Kindergarten zum Mittagsschlaf gesungen, und so können wir das Ritual zuhause weiterführen. Selbst wenn wir die CD auf langen Autofahrten hören, verfehlen die Songs ihre Wirkung nicht. Sie beruhigen und machen schläfrig, ohne dabei je langweilig zu werden.«

Doch entgegen aller Hoffnungen zeigten auch diese Käufe nur eines: Die ganze Babyliedereinschlafwelt besteht aus Kopfstimmenkinderchören. Manchmal unterstützt durch eine fiepsende Frau, welche die Hauptstrophen singt. Fiiiep! Für mich mit meiner Altstimme unmöglich nachzuahmen. Schlimmer als in jeder *Deutschland sucht den Superstar*-Sendung. Ich beschränkte mich also aufs Babyschaukeln, Beschmusen und Geschichtenvorlesen.

Die Kinder wurden größer, und spätestens mit dem ersten Bibliotheksbesuch, wo man bedauerlicherweise auch Musik-CDs ausleihen kann, kamen dann die wirklich schlimmen Dinge in unser Haus.

»Conni mit der Scheiße im Haar ...« Ich weiß, dass da »Schleife« gesungen wird, aber ganz ehrlich? Das versteht man doch nicht. Egal wie sehr man sich anstrengt. Oder die neue Bibi-Blocksberg-Titelmelodie? »Däng däng ding! Da ist ja Bibi! Sie fliegt auf ihrem Besen!« Und das Ganze im flotten Foxtrott-Rhythmus in Schlagermanier geträllert.

Alles schrecklich.

Aber Ohrwürmer sind nicht zu unterschätzen. Seit 2007 trage ich zum Beispiel den Text der Jahreszeitenuhr mit mir herum. Immer wenn jemand einen Monatsnamen sagt (zum Beispiel, wenn wir in einem Meeting einen Folgetermin ausmachen), setzt der Text an der entsprechenden Stelle ein und singt in meinem Kopf weiter, meistens über Stunden: »Gut, dann treffen wir uns wieder im Juni ...« – »JULI AUGUST! WECKT IN UNS ALLEN DIE LEBENSLUST!!!« – »Frau Cammarata?« – »SEPTEMBER! NOVEEEMBER! DEZEMBER! UND DANN! UND DANN! FÄNGT DAS GANZE VON VORNE AN ...« – »FRAU CAMMARATA?!?!«

Je nach Saison variiert zumindest der Ohrwurm. Stichwort »In der Weihnachtsbäckerei!« Lalalalala lala la la la! Oder »Stups, der kleine Osterhase«. Gehirnschmerzen-Evergreens! Ich wette, ich kann einfach einige Worte als Stichwort nennen, und schon setzt in jedem Elternkopf die passende Melodie ein. Nein? Doch!

Eine Rolle Klopapier!

Emma, die Ente!

Okay, ich höre auf.

Ich dachte, die Kinder wachsen, das wird besser! Alles nur eine Phase. Aber ganz ehrlich. Wenn die Kindergartenzeit überstanden ist, dann kommt die Schulzeit mit all ihren »Learning – English – with the little witch!«, und dann wird es richtig schlimm. Dann sind die Kinder nämlich alt genug, sich selbst Radiosender einzustellen, und man wird mit gängigen Popsongs beschallt. Glück hat man, wenn die Kinder Peter Fox oder Sportfreunde Stiller mögen. Jedenfalls wenn man sich klarmacht, dass andere Kinder Frida Gold oder Helene Fischer hören wollen!

Das geht natürlich gar nicht. Das ist ja wohl was ganz anderes als Madonna in den frühen Neunzigern oder Whitney Houston. OH!

R.I.P. Rosi

Alle Kinder wollen Haustiere. Natürlich auch meine. Es gibt da nur ein Problem: Ich hasse Haustiere.

Das hat unzählige Gründe. Der Dreck (an den Pfoten, die Haare, die ausfallen, die Ausscheidungen), der Gestank (der nasse Hund, das Katzenklo, der Hasenstall, das Futter), die eingeschränkten Handlungsmöglichkeiten (wohin mit dem Tier, wenn wir in den Urlaub fahren?), die Streitpotenziale (wer geht mit dem Hund? Wer füttert die Meerschweinchen?), die Kosten (Ausstattung! Tierarzt! Nahrung!) und nicht zuletzt: Am Ende hat man das Vieh eben doch lieb, und dann stirbt es irgendwann, und alle sind fix und fertig mit den Nerven.

Meine Ansage diesbezüglich war klar: Solange wir keinen Bauernhof haben, haben wir auch keine Tiere.

»Einen Hund vielleicht?«
»Nein.«
»Einen kleinen Hund?«
»Nein.«
»Katze?«
»Nein.«
»Hasen?«

»Nein.«

»Meerschweinchen?«

»Nein.«

»Hamster, Mäuse, Ratte?«

»Nein.«

»Vögel?«

»NEIN!«

»Okay, Schildkröte?«

»Nein. Himmelherrgott! Ihr habt doch eure Geschwister. Spielt mit denen.«

Letztendlich kann ich nicht mehr rekonstruieren, wie es dazu kam, aber ich stand irgendwann mal mit den Kindern in einem Zoofachgeschäft. Sie streunten durch den Laden, und ich sah, wie sie hinter einem Regal verschwanden. Es sah so aus, als ob sie etwas miteinander beraten würden. Dann kam Kind 2 festen Schrittes auf mich zu: »Mama, wir haben da eine Frage!« Die Geschwisterkinder nickten und machten ernste Gesichter.

»Ja, bitte?«

»Du magst Haustiere nicht, weil sie teuer sind, weil sie Dreck machen, sich immer einer kümmern muss, richtig?«

»Das ist korrekt.«

»Okay, wir hätten gerne eine Wasserschnecke.«

Kind 2 zog mich zu einem der Aquarien. Gelbe Apfelschnecke stand da: 1,20 Euro pro Stück. »Hm«, sagte ich.

»Sie machen keine Arbeit.« Das Kind schnappte sich einen der Mitarbeiter.

Kind 2: »Brauchen Wasserschnecken ein Aquarium?«

Mitarbeiter: »Nein.«

»Hm«, sagte ich.

Der Mitarbeiter schwärmte mir vor, wie pflegeleicht Wasserschnecken wären. Sie bräuchten eigentlich kein sauerstoffangereichertes Wasser. Ein paar Algen, dann müssten sie auch nicht gefüttert werden. Etc. etc.

Um es abzukürzen, ich habe eingewilligt. Wir kauften zwei Schnecken. Eine gestreifte und eine gelbe und drei Wasserpflanzen. Die Kinder zahlten mit ihrem Taschengeld.

Zuhause füllte ich eine große, rechteckige Glasvase mit Wasser und warf Pflanzen und Schnecken hinein. Sie sanken auf den Boden.

Kinder im Chor: »Sie sollen Rosi und Zenta heißen!«

»Jaja«, sagte ich und ging in die Küche, um zu kochen.

Als ich eine Stunde später den Tisch deckte und nach den Schnecken schaute, lag Zenta, die Zebraschnecke, immer noch eingerollt auf dem Boden. Rosi hingegen war an die Wasseroberfläche gekrochen.

Zwei Tage später hatte sich das Bild nicht geändert. Rosi oben, Zenta eingerollt unten. In mir keimte ein schrecklicher Verdacht. Zenta war wohl auf mysteriöse Weise verstorben. Warum Rosi als Wasserschnecke dagegen unter allen Umständen dem Wasser entkommen wollte, war mir ein Rätsel.

Ich googelte »Apfelschnecke an Wasseroberfläche« und bekam meine Antwort. Apfelschnecken haben Lungen und Kiemen. Wenn das Wasser zu wenig Sauerstoff enthält, kommen sie an die Wasseroberfläche, um dort über ihre Lungen zu atmen.

Auch sonst stimmte rein gar nichts von dem, was der Zooladenmitarbeiter mir gesagt hatte. Wasserschnecken haben komplexe Bedürfnisse, wollen gefüttert werden, mögen Sauerstoff im Wasser und sind auch ansonsten so kompliziert wie jedes x-beliebige andere Haustier.

Nachdem Zenta am fünften Tag noch so aussah wie am ersten Tag, erklärte ich sie für tot. Die jüngeren Kinder heulten Rotz und Wasser. Zenta! Zenta! Die wunderbare Zebraschnecke! Sie war tot! Tot! Tot!

Wir mussten sie beerdigen und ein Grab basteln, und man verlangte von mir eine mitfühlende Rede. Es war grauenhaft. Ich kannte Zenta doch gar nicht. Wie sollte ich meine Worte wählen, wenn ich doch gar nichts über sie wusste?

Auch um Rosi machten wir uns große Sorgen. Sie saß da am oberen Rand der Glasvase, war einsam, vermutlich hungrig und atmete lautlos durch ihre Lungen.

Da der Kindergarten ein Aquarium besaß, haben wir sie am nächsten Morgen schließlich in den Kindergarten gebracht.

Alle Kinder waren fröhlich!

Am übernächsten Morgen war Rosi verschwunden. Genau genommen war Rosis Schneckenhaus noch da, nur der Fleischteil von Rosi war weg. Dafür sah einer der Fische etwas dicker und zufriedener aus als sonst.

Als wäre das nicht genug, hat Rosi kurz vor ihrem Dahinscheiden noch mal ordentlich abgelaicht. (Wie sagt man da bei Schnecken? Abgeschneckt?) Sie gebar mehrere Dutzend gelbe Minischneckchen, die wiederum mehrere Duzend Minischnecken gebaren, die ihrerseits ...

Das war vor einem Jahr. Seitdem werden wir nicht mehr Herr

über die Schneckenplage im Aquarium. Selbst die Fische haben aufgegeben, die Schnecken zu fressen. Es sind einfach zu viele.

Und das, liebe Kinder, ist, warum ich ab jetzt WIRKLICH NIE MEHR EIN HAUSTIER MÖCHTE.

Möbel in Frischhaltefolie

Unsere Familie lebt an drei zentralen Punkten. Im Bett, am Esstisch und auf dem Sofa. Die beiden letzten Objekte stehen im Wohnzimmer. Ohne den Esstisch gäbe es vermutlich keinen Grund, das Sofa jemals anzusteuern, und damit wäre das Wohnzimmer ein völlig nutzloser Raum. Von anderen Familien kenne ich »Wohnzimmer« auch unter dem Begriff »das Zimmer, das man zum Aufräumen hat« oder »der unbenutzte Raum«.

Jedenfalls repräsentieren bei uns Esstisch und Sofa zwei Königreiche, die ich gerne getrennt sehen würde. Am besten mit einer Schleuse. Einer richtigen Schleuse. Einer Schleuse, die die Kinder bestenfalls von oben bis unten komplett absprüht und desinfiziert, bevor sie vom Ess- in den Wohnbereich wechseln. Sie sollte den Ess- vollständig vom Wohnbereich trennen. Man tritt zur ersten Tür hinein, die Tür schließt sich hinter einem, und dann Pfffffffttttt wird man erst ordentlich abgekrümelt, in Desinfektionsspray eingenebelt und dann geschwind trocken gepustet. Erst dann öffnet sich die zweite Tür, und man kann generalgereinigt in den Wohnraum treten und sich dort aufs Sofa setzen.

Leider sind die drei Meter zwischen Esstisch und Sofa bei uns frei zugänglich. Was schon manchen grellen Schrei bei mir erzeugt hat.

In Sachen Essen am Tisch habe ich nach rund zehn Jahren alle Erziehungsversuche aufgegeben. Manchmal murmle ich noch schwächlich: »Nicht singen beim Essen«, oder: »Füße vom Tisch!«, oder: »Benutzt ihr bitte Besteck?« Aber ich glaube, meine Appelle sind in der Zwischenzeit aus Resignation so leise, dass sie unterhalb der Wahrnehmungsschwelle der Kinder liegen. Manchmal bin ich mir nicht mal sicher, ob ich diese Sätze wirklich ausspreche oder ob ich sie nur müde denke.

Jedenfalls hat Essen am Tisch bei uns nichts mit dem gemein, was ich vor dem Kinderkriegen im Fernsehen gesehen habe. Die Kinder schreien und albern rum. Sie kichern, singen, schlagen auf den Tisch. Essen fällt neben den Teller, Butter wird verschmiert. Ketschup wird mit Servietten verteilt und zaubert Rorschach-Muster auf die Tischplatte. Gläser mit Saftschorle kippen um.

Wenn wir gemeinsam essen, denke ich oft an Jackson Pollock und überlege, ob es interessante Muster an den Wänden gäbe, wenn ich die Kinder einfach an selbigen abrollen würde. Oder wenn wir gemeinsam dagegenspringen würden. Ich weiß, dass die Super-Nanny eigentlich in jeder problematischen Familie dazu aufruft, gemeinsam zu essen. Ich weiß nicht, warum sie das tut. Mich würde es ganz enorm entspannen, wenn wir auf das gemeinsame Essen einfach verzichten würden. Was ich nicht sehe, kann mich nicht aufregen. Neulich habe ich in einer Elternzeitschrift gelesen, dass es in einigen Ländern die Tradition des gemeinsamen Essens gar nicht gibt. In der Sowjetunion zum Beispiel war es, abgesehen von wichtigen Familienfeiern oder großen Feiertagen, völlig unüblich, gemeinsam zu speisen, weil alle ganztagesversorgt bereits gegessen hatten. Die Kinder in Schule und/oder Kindergarten, die Eltern bei der Arbeit. Um 20 Uhr kam man lediglich zusammen, um sich einen Gutenachtkuss zu geben, und alle waren entspannt.

In Deutschland ist das leider nicht so, also versuche ich mich locker zu machen. In einem gewissen Maße gelingt mir das bereits sehr gut – jedenfalls so lange, bis eines der Kinder überraschend erklärt, es sei fertig, und aufsteht. Statt den Weg ins Bad einzuschlagen, wankt es dann in achtzig Prozent der Fälle Richtung Sofa. Einfach so. Ohne Sinn und Mission. Sie werden vom Sofa einfach magisch angezogen.

Innerlich bin ich schon längst aufgesprungen, aber irgendwie habe ich es dann doch verpasst, meinen schnellen Gedanken Taten folgen zu lassen, und so sitze ich meist regungslos da und beobachte, wie sich eines der Kinder mit fettklebenden Fingern auf dem Sofa niederlässt.

Das Sofa war wunderschön, bevor wir Kinder hatten. Wunderwunderschön. Ein Prachtstück. Alle Besucher haben es bewundert und gelobt. Hätte ich ein Lager voller Sofas gehabt, ich hätte vermutlich jede Woche mindestens zwei davon verkauft.

Kurz vor der Geburt des ersten Kindes saß ich oft dort, schaute Babysendungen und streichelte mein Sofa. Eine hygienebewusste Freundin empfahl, mir einen schützenden Überwurf zuzulegen oder das Sofa wenigstens in Frischhaltefolie einzuschlagen.

Ich wünschte, ich hätte auf sie gehört.

Solange ich meine Brille nicht aufsetze, ist das Sofa jetzt immer noch schön. Dann sehe ich die ganzen Flecken nicht. Letztendlich hilft nur, darauf zu hoffen, dass zukünftige Flecken so anfallen, dass sie eine Art regelmäßiges Muster ergeben. Das hat dann einen ganz eigenen Charme und entspannt mich vielleicht am Ende auch.

Das nächste Sofa jedenfalls wird einen Bezug nach Art der Sitze in öffentlichen Verkehrsmitteln haben. Irgendwas, auf dem Flecken und kleine Löcher oder Bemalungen nicht auffallen. Mindestens vier verschiedene Farben: Braun für eingearbeitete

Brotreste, Grau für verschmiertes Fett, Rot für Tomatenderivate aller Art und einige Sprenkel Grün für den unwahrscheinlichen Fall, dass die Kinder eines Tages Gemüse essen. So viel ist gewiss.

Nuparu

In jeder Kindheit sind bestimmte Spiele oder Dinge angesagt. Ich erinnere mich, dass ich *Sarah Kay* total super fand. Später habe ich dann *Marvel Comics* verschlungen, die Charaktere gemalt und neue dazuerfunden. Ob meine Eltern was mit den Begriffen *Sarah Kay* oder *Wolverine* anfangen können, kann ich nur raten. Ich nehme aber an, dass es ihnen ähnlich ging wie mir. Sie hatten nicht den leisesten Schimmer, wovon ihr Kind ständig sprach. Dabei hatten meine Eltern es noch schwerer als ich, denn es gab schließlich noch kein Internet. Das heißt, selbst wenn sie es in einem Buch hätten nachschlagen wollen – wo bitte schlägt man *Sarah Kay und ihre siebzehn Freundinnen* nach? Es gab schlichtweg kein noch so umfangreiches Lexikon, das diese Modeerscheinungen erfasst hätte.

Es wundert mich deswegen nicht, dass *Yu-Gi-Oh!* zu den meistgesuchten Google-Begriffen gehört. Wenn man erst mal rausbekommen hat, wie man das schreibt. Denn irgendwann kommt das schreib- und buchstabierunfähige Kind vom Kindergarten und verlangt »*Joki-ko!*«.

»*Joki-ko?*«, denkt der pädagogisch vorgebildete Erwachsene, der das Kind und seine Welt verstehen möchte, eilt an seinen Laptop und sucht den Begriff vergeblich. Erst Wochen später erwähnt er im Kreise seiner anonymen Kinderverstehergruppe das ungelöste Rätsel und wird von den anderen Eltern verständig aufgeklärt.

Yu-Gi-Oh! ist eine fiese Erfindung der Konsumgesellschaft.

Es sind Karten, die man teuer erwirbt und die regelmäßig ihre Gültigkeit verlieren, sodass man immer neue und wieder neue kaufen muss, damit das Kind auf der Beliebtheitsskala seiner Peergroup ganz oben bleibt. Seit 1999 gibt es diese Karten. Im Jahr 2011 waren bereits fünfundzwanzig Milliarden Karten verkauft. Ich übertreibe an dieser Stelle ausnahmsweise mal nicht. Man muss deswegen fast sagen: *Yu-Gi-Oh!*-Sammelkarten nicht zu kennen ist beinahe eine Bildungslücke.

Zunächst wehrt man sich drei, vier Monate, diese Merchandisingausgeburt des Bösen zu unterstützen, aber irgendwann kommt der Tag, da erträgt man die rotgeweinten Augen des Kindes nicht mehr, zückt das Portemonnaie, und schon wirft man die wöchentlich für die Rente zurückgelegten Euroscheine in den Rachen der *Yu-Gi-Oh!*-Maschinerie.

Ist das Kartendeck halbwegs komplett und das Kind glücklich, so glaubt man bald, seinen Seelenfrieden wiedergefunden zu haben. Und man denkt sich ein: wenigstens nicht Tokio Hotel, wenigstens das nicht!

Doch es vergeht keine Woche, und das Kind will Pikachu. Dazu macht es die Stimme hell und ruft: »Pikachu, Pikachu!« Es verweigert jede Kommunikation, und auf jede Frage oder Aufforderung erhält man nur zur Antwort: »Pikachu!«

Aus der ersten Erfahrung schlau geworden, stellt man sich dennoch taub, und eines Nachts, als man sich schlaflos durch die Privatsender zappt, bleibt man bei der Zeichentrickserie *Pokémon* hängen und denkt: Ich schau mir das jetzt mal an, und nach ausführlicher Begutachtung mache ich meinem Kind eine große Freude und kaufe eine *Pokémon*-DVD, die wir gemeinsam anschauen und anschließend bereden.

Doch nach nur drei Minuten ist die Schmerzgrenze erreicht, man kann dem Plot nicht folgen und wacht einen Augenschlag später plötzlich schweißgebadet auf, und das Erste, was man mit heiserer Stimme in das Morgengrauen krächzt, ist: »PIKACHU!«, worauf man sich schwört: Das Kind wird nie, nie, nie *Pokémon* sehen!

Doch dann kommt es mit einer *Bionicle*-Zeitung, die ihm irgendein Bösewicht geschenkt hat, und verlangt – wieder unter Tränen –, abends diese und nicht eines dieser langweiligen Märchen vorgelesen zu bekommen.

»Sie kamen als Matoran-Bewohner an den Voya Nui. Da kamen sechs Blitze vom Himmel herabgefahren und vereinigten sich zum rot leuchtenden Stern des Toa Onika. Da wurde ihnen klar: Sie müssten die mächtige Maske von Kanohi finden ...«

Kind 1: »Mama, was ist Voya Nui?«

Zwanzig Minuten Internetrecherche später: »Ein Vulkan, liebes Kind.«

Kind 1: »Mama, was ist Toa Onika?«

[...]

Kind 1: »Mama, was ist Kanohi?«

»Das sind Masken, die vor allem von den Toa, Turaga und Matoran getragen werden.«

Kind 1: »Was sind Toa?«

Und schon fühlt man sich wieder wie in der Vorhölle und fragt sich, was aus den guten alten *Glücksbärchis* geworden ist. Man breitet die Arme aus, drückt den Bauch nach vorne und ruft »LIIIIIIIEEEEBEEEEE« in die kalte, dunkle Nacht hinaus.

Schienbeinschmerzen aus der Hölle

Dass sich die meisten Menschen erst jenseits der dreißig entscheiden, Kinder zu haben, ist rein möbeltechnisch ein großer Fehler. Im Grunde müsste man zu Studentenzeiten Kinder bekommen. Das ist die Zeit, in der alle Möbel gebraucht und billig sind. Die meisten Möbelstücke haben abgeschlagene Ecken, Kratzer, Farbflecken, der Stoff ist abgewetzt, und sie müffeln ein wenig. Ideal für Kinder. Denn wenn man Kinder hat, sehen die Möbel nach wenigen Jahren genau so aus.

Dummerweise bekommen viele (zumindest Akademiker) Kinder aber erst, wenn sie bereits einige Jahre berufstätig sind. Die Studentenmöbel sind schon lange zur Mülldeponie gefahren, die Mitgift in die Ersteinrichtung der Wohnung investiert. Womöglich hat man sich vorher noch die Mühe gemacht, hochwertiges Holzparkett verlegen zu lassen.

Weil alles so teuer war, behandelt man es sehr pfleglich. Ich habe mir damals zum Beispiel ein gigantisches Sofa geleistet. In strahlendem Orange. Drei Meter lang und so breit, dass man die Füße nicht auf den Boden stellen konnte, wenn man sich mit dem Rücken anlehnte. Es war wunderschön. Bespannt mit einem ganz exquisiten Material. Damit es keine Flecken bekommt, habe ich es mit Plastikfolie überzogen. So war ich entspannter. Man möchte ja nicht jedem Gast auf den Po schauen, ob da nicht vielleicht etwas klebt, das Flecken machen könnte. Auf unsere frisch abgezogenen und gewachsten Holzdielen habe ich vorsichtshalber Malervlies gelegt. Im Eingang müssen natürlich alle ihre Schuhe ausziehen, und ich sauge ihnen vorsichtshalber auch nochmal die Füße ab. Händewaschen nicht vergessen!

Jedenfalls, unsere Wohnung war wunderschön. Wunderwunderschön. Spartanisch mit sehr klaren Strukturen. Wie auf einer Doppelseite aus *Schöner Wohnen*.

Dann wurden die Kinder geboren. Solange sie sich noch nicht groß bewegten und man ihnen einfach eine Decke unterlegen konnte, war noch alles wie immer. Doch dann wurde aus einem Säugling ein mobiles Baby und aus dem Baby ein beschmiertes

Kleinkind. Mit Rotznase und Klebehänden. Und der Fähigkeit, Filzstifte zu tragen und Kinderscheren zu bedienen, mit der man kleine Löcher in Schutzfolie schnippeln kann.

Und plötzlich versinkt die Wohnung im Chaos, und die Möbel sehen wieder aus wie zu Studentenzeiten. Überall Flecken, Fingerabdrücke und Sand. Die Regale ausgeräumt, die Dekoartikel verschleppt oder umfunktioniert. Spielsachen überall.

Als wäre das nicht schon genug, tauchen plötzlich sogenannte »praktische« Möbelstücke auf. Die allerschlimmsten unter diesen Möbelstücken sind Höckerchen. Jedes Kind bei uns hat ein Höckerchen. Das Höckerchen soll die Selbständigkeit fördern. Die Höckerchen werden durch die Wohnung geschleppt. Vom Waschbecken in die Küche ins Kinderzimmer. Denn wenn man nur einen Meter groß ist, ist im Grunde alles zu hoch, und ohne diese Hocker bleibt das Meiste unerreichbar.

Das ist ja auch eine gute Sache. Selbständig Zähne putzen, helfen, den Tisch zu decken, Sachen aus dem Kühlschrank holen, CDs aus dem Regal kramen.

Nur leider bereiten diese Hocker so unfassbare Schmerzen. An den Zehen und, wenn die Kinder älter sind, an den Schienbeinen. Ich habe aufgehört zu zählen, wie oft ich bereits an diese Hocker gestoßen bin. Manchmal falle ich auch von einem in den

anderen. Ich renne eilig in die Küche, stoße mir den kleinen Zeh an dem ersten Hocker, mache schmerzerfüllt einen Ausfallschritt und lande mit dem Schienbein im zweiten Hocker, von wo aus ich wie ein gefällter Baum in Zeitlupe zu Boden gehe. Manchmal schlage ich mir auch noch den Kopf an der Heizung an, und während mein Körper ein einziger gellender Schmerz ist, kommen die Kinder und schimpfen: »Mama! Du hast schon wieder Schimpfwörter gesagt! Ganz schlimme!«

Schon Sartre wusste: Die Hölle, das sind die anderen (Eltern)

Warme Gedanken zum Elternabend

Was in der Ratgeberliteratur definitiv fehlt, ist ein Buch, das sich mit der Frage beschäftigt, wie man eigentlich die anderen Eltern aushält, wenn man selbst ein Kind bekommen hat. Ich habe dazu lange recherchiert und leider rein gar nichts gefunden. Dabei wäre es so nötig. Ich glaube, viele Alterserkrankungen wie Bluthochdruck, Magengeschwüre oder Herzprobleme entstehen gar nicht durch falsche Ernährung oder übermäßigen Alkoholgenuss, sondern weil man je nach Anzahl und Altersabstand der Kinder mehrere Jahrzehnte an Elternabenden teilnehmen muss.

Langweilige Meetings kennt man in der Regel schon aus dem Berufsleben. Aber glauben Sie mir, wenn Sie noch nie an einem Elternabend teilgenommen haben: Elternabende sind viel, viel schlimmer. Es werden immer wieder dieselben Themen diskutiert. Immer und immer wieder. Es mögen zweiundzwanzig Eltern einer Meinung sein – wenn ein dreiundzwanzigstes Elternteil eine abweichende Meinung hat, wird diskutiert. Bis zum bitteren Ende. Jeden Elternabend. Ich meine mich zum Beispiel zu erinnern, dass wir einmal darüber gesprochen haben, ob es einen Standardgeburtstagskuchen geben sollte. Sprich, einen Kuchen, den alle Kinder essen können und den jedes Kind an jedem seiner Geburtstage mitbringt. Doch, doch, solche Vorschläge gab es. Wir haben nämlich Kinder, die keine Milch, keine Eier oder keine Nüsse vertragen. Außerdem zwei vegane Kinder, eines, das keine Erdbeeren verträgt, und ein weiteres, das keine Süßigkeiten essen darf. Jetzt stellen Sie sich bitte den Kuchen vor. Im Grunde bleibt nur ein Haufen Vollkornmehl, vermischt mit ein wenig Margarine. Wenn überhaupt.

Weitere beliebte Themen:

Bringzeiten – warum es sinnvoll ist, dass alle Kinder zu einem bestimmten Zeitpunkt in der Kita sind.

Soll das Essen bio sein, und darf das dann zwei Euro im Monat mehr kosten?

Sollten die Kinder nicht mindestens einmal in der Woche in den Wald – auch wenn es sich um einen Kindergarten mitten in Berlin handelt?

Wohin verschwinden bestimmte Kleidungsstücke, und warum tauchen sie nie mehr auf?

Sind zehn Schließtage im Jahr in Ordnung, und sollten Erzieherinnen eigentlich Urlaub haben?

Fruchtzwerge, Milchschnitte, Leckermäulchen – kann man das als Snack mitgeben? Die Kinder mögen das doch so gerne!

Ist mein Kind vielleicht nur so aggressiv, weil es sich langweilt, weil es eigentlich hochbegabt ist?

…

Die Liste lässt sich leicht erweitern. Ich bin kein aufbrausender Mensch, ganz und gar nicht – aber irgendwann hatte ich das Gefühl, ich kann nur noch unter dem Einfluss von Beruhigungsmitteln an Elternabenden teilnehmen oder ich trinke vorher Alkohol, damit ich wenigstens die ganze Zeit kichern kann. Das ist natürlich keine dauerhafte Lösung.

Deswegen war ich sehr erfreut, als ich neulich eine geniale Idee hatte.

Das private Fernsehen erfreut ja mit Erziehungssendungen

aller Art. Ausgestreckt auf dem Sofa liegend, kann man beispielsweise beobachten, wie aus widerspenstigen Teenagern gefügige Jugendliche gemacht werden, die ihren schuldlosen Eltern nach ein paar Wochen Erniedrigungen wohlerzogen zurückgegeben werden.

Wenn solche Sendungen gute Einschaltquoten haben, wie viele Menschen würden sich dann wohl an der Sendung »Eltern-Bootcamp« erfreuen?

Ohne mit der Wimper zu zucken, würde ich da einige der Eltern meines Kindergartens anmelden. In Horden lungern sie im Eingangsbereich von Kindergärten wie biertrinkende Punks vor U-Bahn-Eingängen und fragen sich immer aufs Neue, was sie mit dem heutigen Tag anstellen könnten. Sie haben traurige Beagle-Gesichter, und ihr Leben erscheint sinnentleert. Ihre Kinder lassen sie unbeaufsichtigt alles auseinandernehmen und vollschmieren, bevor sie dann aus unerfindlichen Gründen plötzlich und ohne Voranzeichen ihre Nachkommenschaft zum sofortigen Aufbruch befehlen.

Beim Elternabend sind sie nie pünktlich, sie haben keine Diskussionskultur, und von demokratischen Mehrheitsentscheidungen haben sie noch nie etwas gehört. Sie verlangen Extrawürste zu jedem Thema, und Verantwortung übertragen sie am liebsten dem Erziehungspersonal.

Ganz ehrlich, da hilft nur sechs Wochen in der Abgeschiedenheit der chilenischen Atacamawüste, bei Wasser, Brot und Bohnen, während sie von pädagogisch vorgebildetem Personal in regelmäßigen Abständen angeschrien werden. Ein bisschen Teleskopputzen hat schließlich noch niemandem geschadet!

Anderer Leute Erziehungsmethoden sind unantastbar

Lange schon beschäftigt mich die Frage, ob Kinder mit einem eigenen Charakter geboren werden oder ob sich der Charakter hauptsächlich durch Umwelteinflüsse formt. Im Fall von Kind 2 bin ich mir eigentlich ziemlich sicher, dass vor allem die Umwelteinflüsse – sprich im ersten Lebensjahr die Eltern – maßgeblich sind. Kind 2 ist nämlich außerordentlich genügsam, charakterlich liebreizend und sehr klug.

Dem entgegen stehen die Kinder, die eher wie Bamm-Bamm Geröllheimer aus der Serie *Familie Feuerstein* sind. Für alle, die so einen Bamm-Bamm noch nicht kennengelernt haben (und hätten sie, dann wüssten sie genau, wovon ich spreche), hier eine kurze Beschreibung:

Es beginnt in der Regel alles mit einem gesitteten Beisammensitzen am Geburtstagskuchentisch zu leiser Mozartmusik. Die Erwachsenen haben ihre liebreizenden Babys auf ihrem Schoß und unterhalten sich übers Stricken oder Klöppeln. Die größeren Kinder liegen und sitzen auf der Krabbeldecke und schütteln lächelnd ihre Rasseln, als es plötzlich in der Küche ohrenbetäubend scheppert. Alle zucken zusammen. Vermutlich ist das Regal mit den Kochtöpfen zusammengebrochen. Gerade will die Gastgeberin sich erheben, um nach dem Rechten zu sehen, als ein Kind brotleibschwingend in das Wohnzimmer rennt. Es holt aus, dreht sich schwungvoll einige Male um die eigene Achse und wirft dann »Baaaahhh AHHHHHHHhhh« brüllend den Zweipfünder wie ein Hammerwerfer genau in die Geburtstagstorte. Die Sahneanteile der Torte spritzen bis an die Zimmerdecke, die Mürbteiganteile fliegen in die Luft und regnen auf die Köpfe der geschockten Gäste nieder. Niemand bewegt sich, alle halten den Atem an.

Das Kind indes lacht schrill und verschwindet in einem anderen Zimmer. Die betroffene Mutter erhebt sich vom Tisch, lächelt nervös, setzt sich wieder, pikt mit der Kuchengabel in das Reststück Torte auf ihrem Teller und tut so, als habe sie nichts bemerkt.

Klein Bamm-Bamm kriecht währenddessen in die Lücke zwischen Glasvitrine, in der die Stereoanlage steht, und Wand und stößt diese polternd um. Einige Momente ist es von dem erzielten Effekt begeistert, dann sieht es so aus, als würde es sehr konzentriert nachdenken. Es schaut durch den Raum und entdeckt schließlich die Babys auf den Kuscheldecken, die es nun ansteuert.

Die anderen Eltern sind wie paralysiert und wissen nicht, wohin sie schauen sollen. Zu Bamm-Bamm oder zu der kuchenessenden Mutter, die versucht, das Gespräch wieder aufzunehmen: »Hach ja, süß, die Kleinen, nicht wahr? Das ist ja auch ein bisschen die Jahreszeit. Wenn es so kalt und nass ist und die Kinder sich nicht am Spielplatz austoben können, dann müssen sie irgendwie ihre Energie loswerden. Haha. Könnte ich noch ein wenig Kaffee haben?«. Sie hebt fragend ihre Porzellantasse.

Bamm-Bamm trampelt in der Zwischenzeit tatsächlich in Richtung der unschuldig dreinblickenden Babys. Dann geht alles blitzschnell. Bamm-Bamm schnappt sich ein Baby und wirbelt es durch die Luft. Die Babymutter kann das fliegende Baby in letzter Sekunde gerade noch schnappen. Unruhe breitet sich aus, die anderen Babys beginnen zu weinen. Bamm-Bamm verschwindet erneut in der Küche und kommt wenige Minuten später, den Messerblock auf der Nase balancierend, zurück ins Wohnzimmer.

Ein prüfender Blick Richtung Bamm-Bamm-Mutti zeigt mir, dass sie auch diesmal eher nicht eingreifen wird. Ich erwäge, etwas zu sagen. Doch dann verwerfe ich meinen Gedanken wieder. Sich in die Erziehung anderer Leute einzumischen ist eigentlich ein No-Go. Mir bleibt ja immer noch der Aufbruch. Ich bedanke mich bei der erstarrten Gastgeberin, hole unsere Jacken und rufe, dass ich mich lieber im Treppenhaus anziehe. »Bis bald und vielen Dank!« Während ich die Wohnungstür schließe, höre ich hinter mir schrille Schreie. Den Geräuschen nach zu urteilen, fallen gerade einige der Bücherregale um. Ich beschleunige meinen Schritt, lasse vorsichtshalber unseren Kinderwagen stehen, den ich unten angekettet hatte, und flüchte die Straße entlang. Mit einem letzten Schulterblick sehe ich, wie die Wohnung, in der ich eben noch kuchenessend saß, wie in einem der *Stirb langsam*-Filme explodiert.

Vielleicht hätte ich doch was sagen sollen?

Willkommen in der Bastelmuttihölle

Wenn man darüber nachdenkt, ob man gerne Kinder haben will, geht einem vieles im Kopf herum. Man denkt an die Schwangerschaft, an die Geburt, das Zahnen, das Krabbelalter, an vollgekackte Windeln und durchwachte Nächte. Wenn das erste Jahr geschafft ist und die sprachliche Entwicklung langsam einsetzt, das Kind »Da!« rufen und gezielt auf Objekte seiner Begierde deuten kann, ist man erleichtert, weil man glaubt, im Wesentlichen war's das. Die größten Herausforderungen sind gemeistert. Ab jetzt isses erst mal bis zur Pubertät ausgestanden.

Worüber man nicht nachdenkt, sind die Meilensteine der elterlichen Entwicklung. Niemand malt sich aus, welche Qualen man an Elternabenden erleiden muss, und noch weniger ist einem gewahr, dass man für jedes Kind mindestens drei Mal im Jahr zum Bastelnachmittag gebeten wird. Doch dann kommt der erste Herbst, und es heißt: »Liebe Eltern, am 05. November basteln wir Laternen für den Laternenumzug.«

Bevor ich an meinem ersten Bastelnachmittag teilnahm, stellte ich mir Bastelnachmittage wie folgt vor.

Ich komme um 16 Uhr leicht abgehetzt von der Arbeit in die Kita. Mein Kind nimmt mich gut gelaunt in Empfang und führt mich zu meinem Platz. Auf dem Tisch liegen bereits vorpräparierte Materialien und eine Kopie, die mich in einfachen Piktogrammen aufklärt, wie ich aus einer DIN-A4-Seite eine stabile Laterne baue. Spätestens fünf nach vier sind alle Eltern da.

Die Eltern schlürfen Kaffee, während sich die Erzieherinnen wie Flugzeugbegleiterinnen vor uns aufreihen. Die Leiterin hält die Bastelbeschreibung nach oben, während die anderen mit synchronen Bewegungen kurz und prägnant erläutern, wie gebastelt wird. Die Eltern beginnen zu basteln, während die Erzieherinnen die Kinder leise mit Fingerspielen beschäftigen. Alle beginnen gleichzeitig mit dem Basteln. Ungeschickten Eltern helfen die Erzieherinnen mit Ausbildungsschwerpunkt Bastelpädagogik. Sie sind dabei sensibel und achten darauf, dass das zarte Bastelselbstbewusstsein nicht schon in einem so frühen Stadium gekränkt wird.

Eine weitere Erzieherin schlendert durch die Reihen der eifrig bastelnden Eltern und legt motivierend ab und an die Hand auf eine Schulter. Nach zwanzig Minuten sind alle Laternen fertig. Dann kommen die Kinder an den Platz, bewundern die Laterne, bedanken sich, drücken ihre Eltern, und alle gehen zufrieden nach Hause.

* * *

Liebe Menschen ohne Kinder, die noch planen, welche zu bekommen. Für euch ist der Artikel an dieser Stelle leider beendet. Ich bitte euch, nicht weiterzulesen. Da ihr ohnehin nichts an der

Realität eines Bastelnachmittags ändern könnt, lasst ihn einfach auf euch zukommen.

Wirklich. Lest nicht weiter.

Tut es lieber nicht.

* * *

Die Realität eines Bastelnachmittags ist so hart und ernüchternd, dass in jeder Bewerbung um einen Job unter dem Punkt »Besondere Qualifikationen« die genaue Anzahl aller überstandenen Bastelnachmittage stehen sollte. Und stünde da eine Zahl unter zehn, wäre die Person für das mittlere oder obere Management nicht geeignet.

Bastelnachmittage beginnen mit dem einstündigen Ankommen der Eltern. Manchmal dauert es auch anderthalb Stunden, bis endlich alle Eltern da sind. Weil es bereits nachmittags ist, sind die meisten Kinder nicht mehr sooo gut gelaunt. Einige liegen schreiend im Flur, andere schlagen sich gegenseitig mit stumpfen Gegenständen. Überall auf den Tischen liegen »Bastelmaterialien«. Ich schreibe das mit Anführungszeichen, weil »Bastelmaterialien« bedeutet, dass dort stumpfe Kinderscheren, angeschnittene Polyeder-Papiere (jedenfalls niemals irgendetwas Genormtes, das man auf Kante falten könnte!) und stark angetrocknete Klebestifte liegen.

Sehr oft liegt dort auch zur Verschönerung der Endergebnisse sehr viel Glitzerstaub. Wenn man dann an einem der kleinen Tische auf einem der klitzekleinen Stühle Platz genommen hat, kann man langsam bis Hundert zählen, und spätestens dann ertönt ein erster Aufschrei, weil ein Kind eines der Glitzerstaubgefäße versehentlich umgeworfen hat. Meistens so, dass sich der Glitzerstaub in hohem Bogen in die Luft entleert, um dann minutenlang als glitzernder Smog den Raum zu verdunkeln. Danach rieselt der Glitzernebel langsam auf Tische, Stühle und Menschen herunter. Sobald er mit Haut in Kontakt kommt, wird eine chemische Reaktion in Gang gesetzt, und es bildet sich eine unentfernbare Patina.

Keine Dusche der Welt, kein Schwamm und keine Bürste entfernen diese Glitzerschicht. Wenn man sie erst mal hat, muss man etwa sieben Jahre warten, bis sich alle Zellen im Körper erneuert haben. Erst dann fällt sie ab.

Ein bisschen Glitzer schadet nicht, werden die ungehorsamen Kinderlosen, die trotz meiner eindringlichen Warnung weitergelesen haben, denken. Aber jetzt fragt euch mal, in welchen

Berufsgruppen man normalerweise glitzert. Niemand denkt bei gülden glitzernder Haut ans Laternenbasteln. Bestenfalls gerät der glitzernde Elternteil in den Verdacht, nebenberuflich in der großen Gala-Show des Friedrichstadtpalasts mitzutanzen. Wenn man also golden glitzernd in einem wichtigen Business-Meeting sitzt, kann das durchaus unangenehm sein. (»Laternenbasteln, Frau Cammarata, ich verstehe. Knick knack.« Mein Gegenüber zwinkert mir verschwörerisch zu und nickt.)

Jedenfalls, um zum Bastelnachmittag zurückzukommen – mit den herumliegenden Materialien kann kein normaler Mensch basteln. Eine Bastelanleitung gibt es natürlich auch nicht. Die wurde 1873 einmalig auf einem Bastelnachmittag erläutert. Seitdem wird sie per Stille Post von Elterngeneration zu Elterngeneration weitergegeben und enthält dementsprechend viele Erklärungs- und Logiklücken.

Auf dem Schoß sitzt das eigene Kind. Es will mitbasteln. Während man also versucht blind zu basteln (der Kopf des Kindes behindert die Sicht), greifen immer wieder kleine Hände von rechts und links dazwischen.

Man malt, faltet, rollt, und am Ende klebt alles überall, vor allem an den Fingern; die Laterne, die Laterne selbst aber, die klebt nicht.

Während man sich also den Tränen nahe die Papierreste von den Fingern pult, sorgt die statistische Normalverteilung dafür, dass pro Tisch genau eine Profibastlerin sitzt. Die hat ihr eigenes Material und das eigene Werkzeug mitgebracht und bastelt aus vielen kleinen Origamipapierchen eine überdimensionierte Laterne. Die Laterne leuchtet in allen Farben des Regenbogens, und das eigene Kind, die Laterne der Konkurrenz im Blick, fragt einen ständig:

Kind: »Was machst du da?«

Ich: »Ich bastele eine Laterne.«

Kind: »Meinst du Thomas' Mama?«

Ich: »Nein, ich, ICH bastle gerade eine Laterne!«

Kind: »Wo?«

Ich: »Hier!«

Kind: »Das da ist eine Laterne, Mama?«

Dabei kämpft man die Tränen der Enttäuschung herunter und überreicht dem Kind das fertig gebastelte Objekt. Wenn man Glück hat, hat das Kind ein wenig Mitgefühl und murmelt nur so etwas wie »Eine Laterne?« und dreht sich dann um, damit die Laterne bis zum 11. November in den Schrank gestellt werden kann. Dann rutscht das Kind auf einem der kleinen Glitzerseen am Boden aus und fällt mit seinem ganzen Gewicht in ebendiesen.

Ich habe für drei Kinder insgesamt dreizehn Laternen gebastelt. Ich kann einfach nicht mehr. ICH KANN NICHT MEHR. Ich habe dieses Jahr eine fertige gekauft und mich selber drauffallen lassen. Das ging viel schneller.

Boah! Bist du streng

Mit den Erziehungsmethoden ist es immer so eine Sache. Man könnte meinen, es gibt unterschiedliche und jede Mutter beziehungsweise jeder Vater hat eben seine eigenen. Tatsächlich variiert der Erziehungsstil jedoch nach Umfeld. Sprich, man tut eigentlich dasselbe – aber im Kontrast zum Umfeld wirkt es völlig unterschiedlich. Mir ist schon alles Mögliche vorgeworfen worden. Ich sei zu freizügig, ich müsse auch mal Grenzen setzen, ich würde die Kinder völlig verwöhnen, die müssten auch mal lernen, durchzuschlafen/sich eigenständig anzuziehen/ihre Stulle alleine zu schmieren. Genauso oft höre ich aber auch: Lass doch das arme Kind! Man ist nur einmal Kind! Wieso bist du immer so streng? Kann das Kind nicht EINMAL Süßigkeiten haben? Wasistdennschondabei?

Konkret heißt das, dass es Kreise gibt, in denen ich mich wie eine zwanzigjährige Bekiffte fühle, die in anderen Sphären lebt und nichts um sich herum wahrnimmt. Das Kind schon mal gar nicht, und im Übrigen können gerne die anderen dessen Erziehung übernehmen. Ich selbst muss mich jetzt erst mal um meine Selbstfindung und meinen nächsten Goa-Urlaub kümmern.

Demgegenüber stehen die Gemeinschaften, innerhalb derer ich mich fühle wie ein strenges und herzloses Fräulein Rottenmeier, und das nur, weil ich meinem Kind verbiete, Tarte au Chocolat mit bloßen Händen auf dem beigefarbenen Sofa der Gastgeberin zu essen. Mittlerweile kenne ich meine Bekannten aus den Babykursen gut genug und weiß, in welchen Kreis ich komme, wenn ich eine Einladung erhalte. Ich zelebriere die Sicht, die andere dann von mir haben, sehr gerne, indem ich ihnen auch optisch ein wenig entgegenkomme. Ich kämme dann beispielsweise meinen Pony nach hinten und mache mir einen strengen Dutt. Meine Bluse bügle ich extra und schließe alle Knöpfe – auch den obersten unbequemen, der zugeknöpft Atemprobleme bereitet. Dann packe ich ein Fläschchen Mundbefeuchter ein und mache mich auf den Weg. Den Mundbefeuchter brauche ich dringend. Denn was da gelegentlich zu beobachten ist, übersteigt Mal um Mal meine kühnsten Fantasien und lässt mich oft stundenlang mit weit geöffnetem Mund in Gedanken auf den längst vergangenen Vorfall starren.

Zum Beispiel war ich neulich auf einer Geburtstagsfeier, an der die Kinder nur rote, klebrige Säfte tranken. (Ich beobachte übrigens eine starke Korrelation zwischen dem Hippie-Erziehungsstil und der Gabe von ausschließlich zuckerhaltigen Lebensmitteln. Die unausgeglichenen Kinder können mit ausreichend Zucker im Blut offenbar viel besser durchdrehen als ohne.)

Doch halt, im Grunde tranken die Kinder diese Zuckersäfte gar nicht, sie verschütteten sie auf verschiedene Möbelstücke. So landete ein kompletter Becher Johannisbeersaft auf dem bereits erwähnten hellen Sofa. Kaum war das Unglück geschehen, drehte sich die zuständige Mutter langsam in Richtung Vorfall und sagte leise und bedächtig »Huch«. Dann überlegte sie gefühlte zwanzig Minuten lang und entschloss sich dann, zwei dünne Papierservietten zu nehmen und die bereits eingezogenen Saftreste kräftig zu verreiben. Sie betrachtete das Resultat einige

Sekunden, wirkte zunächst etwas unschlüssig, zuckte dann aber nur mit den Schultern und setzte sich sehr langsam wieder hin.

Ich musste unweigerlich an mein eigenes Sofa denken und benötigte mein Mundbefeuchtungsspray. Ich sprach die Mutter an: »Wie heißt du nochmal?«

Andere Mutter: »Betina.«

Ich: »Und weiter?«

Andere Mutter: »Görte.«

Ich: »Verheiratet?«

Andere Mutter: »Ne.«

Ich: »In einer Partnerschaft lebend?«

Andere Mutter: »Ja.«

Ich: »Mit wem?«

Andere Mutter: »Dieter.«

Ich: »Dieter und wie weiter?«

Andere Mutter: »Schorl.«

Ich: »Dieter Schorl. Wie sieht der denn aus? Hast du ein Foto?«

Betina kramte in ihrem Portemonnaie und zeigte mir ein Foto, das ich schnell abfotografierte.

»Alles klar, danke.«

Ich notierte mir den Namen unter dem Foto und strich Betina Görte und Dieter Schorl samt Kind gedanklich von sämtlichen Einladungslisten. IRGENDETWAS musste ich ja tun.

Im Hintergrund schlugen sich zwei Jungs mit Fäusten. Als sich einer ein Stück Zahn abgebrochen hatte, weil er mit dem Kopf auf der Tischkante aufkam, sagte die Mutter des anderen Kindes ebenfalls sehr bedächtig, fast schon etwas schlapp: »Du, das ist aber nicht soo gut, wenn man andere Kinder haut, nä?«

Wir aßen weiter unseren Kuchen, und vorsichtshalber fotografierte ich die anderen Mütter ebenfalls und notierte mir Namen und Adressen. Am Abend würde ich meinem Mann die Bilder zeigen und ihn warnen, sich mit diesen Menschen zu verabreden. Als ich alle Namen und Vorfälle in einem kurzen Protokoll festgehalten hatte, verabschiedete ich mich samt Nachwuchs unter schnell erfundenen Vorwänden.

Selbermachen

In meiner Kindheit war meine Mutter diejenige, die alle Werkstücke für das Schulfach »Handarbeiten« zuhause herstellen musste, sodass ich die Stücke in der Schule abgeben konnte. In meinem Leben mit nur einem Kind habe ich dann zunächst zumindest noch versucht, Dinge selberzumachen: anspruchsvolle Kostüme für die Mottopartys des Kindergartens, Laternen zum Martinsfest und Kuchen für das Sommerfestbuffet. Aber wenn ich ganz ehrlich bin: Ich hasse Selbermachen. Und diese Abscheu ist mittlerweile nicht weniger geworden, denn je mehr Kinder ich bekam, desto weniger Zeit habe ich dafür. Deswegen sind mir andere Menschen, die alles selbermachen, ein Gräuel.

Diese Selbermachmenschen setzen mich enorm unter Druck. Sie erzeugen bei meinen Kindern nicht zu erfüllende Wünsche von mehrstöckigen Torten, bunten Muffins, komplizierten Weihnachtsbasteleien und selbstgenähter Kleidung. Was ist bloß so falsch am Selbstkaufen? Das macht auch Mühe, und ich suche wirklich mit viel Liebe aus, wenn ich im Laden stehe. Ehrlich.

Wegen dieser Selbstmachgeschichte ist speziell die Weihnachtszeit für mich eine einzige Tortur. Da wird ja dann plötzlich alles selbst gemacht. Als hätte man am Ende des Jahres nicht schon genug Stress. Plätzchen, Adventskränze, Weihnachtsschmuck, viergängige Menüs, Geschenke – am besten, man fällt auch noch den Weihnachtsbaum alleine! Warum eigentlich? Warum nicht gerade in dieser Zeit alles outsourcen und jede Leistung zukaufen und den Rest der Zeit auf dem Sofa sitzen, Kakao trinken und schöne, gekaufte Plätzchen knabbern?

»Schau mal, ich habe diesen Stern gebastelt. Das ist wirklich ganz einfach!«, sagt eine selig lächelnde Kita-Mutti zu mir, während sie mir einen glitzernden Bascetta-Stern unter die Nase hält.

Bascetta-Sterne sind irrsinnige Weihnachtssterne, die sich ein italienischer Mathematiker namens Paolo Bascetta ausgedacht hat. Sie sind aus kleinen Origamielementen aufgebaut, die man zusammensteckt. Im Wesentlichen sind sie Ikosaeder – also zwanzigseitige Würfel, deren Flächen jeweils eine dreiseitige Pyramide ziert. Man braucht dafür dreißig gleich große, quadratische Blätter Papier. Diese werden alle auf identische Art und Weise gefaltet und ganz am Ende zu einem Stern zusammengesteckt. Das Faszinierende an dem Stern ist, dass die Einzelteile ohne Klebstoff halten.

Allein wenn ich mir das vorstelle, bekomme ich schon dieses Inspektor-Clouseau-Augenzucken. Die zusätzliche Bemerkung »war ganz einfach« aber bringt mein Gehirn zum Anschwellen. Ich unterdrücke meinen Unmut und zische: »Ja, GANZ wunderhübsch, wirklich.«

»Musst du auch mal probieren, die sind zum Verschenken ganz toll. Und man braucht nicht mal Kleber. Nur dreißig gleich große, quadratische Blätter, die man faltet. Wenn du mit der Falttechnik nicht so klarkommst, kannst du ja einen Aurelio-Stern basteln. Da kann man auch Kleber benutzen, und die Falttechnik ist *noch* einfacher.«

»Schön, dass du Ikosaeder falten kannst. Ich bin schon froh, wenn ich im natürlichen Zahlenraum bis zwanzig zählen kann. Da bekomme ich es leider kaum hin, an die zwanzig Flächen Pyramiden zu kleben ...«

»Man muss doch gar nicht kleben …«

Eine andere Mutter merkt meine Anspannung und schlägt vor: »Vielleicht eines meiner köstlichen, selbstgebackenen Plätzchen?«

In meinem Kopf macht es: »OrrrrrrrrrRRRrrr!« Aus dem Mund kommt sozial erwünscht: »Oh, ja gerne.« Ich stopfe mir den Mund so voll, dass ich hoffentlich lange nicht mehr sprechen kann.

»Die Auswahl ist dieses Jahr nicht so groß. Ich hatte etwas Stress, deswegen sind es diesmal nur sieben verschiedene Sorten.«

Meine Augen treten aus den Höhlen. Vielleicht hätte ich mir die Plätzchen nicht in den Mund, sondern in die Ohren stecken sollen? Doch ich lächle und sage: »Das ist doch okay. Das ist mir auch schon mal passiert. Das jüngste Kind ist ja kurz vor Weihnachten geboren, da habe ich auch nur fünf Sorten Weihnachtsplätzchen mit meinen anderen beiden Kindern gebacken.«

Zum Glück hat sie mich nicht gesehen, als ich letzte Woche in der Bäckerei ein gutes Kilo »selbstgebackene« Plätzchen gekauft habe. Die sind zugegebenermaßen ziemlich teuer, aber sie sehen wirklich aus wie selbst hergestellt. Ich packe sie dann in meine Keksdosen und warte, bis ich verdrängt habe, dass ich schon wieder keine Nerven hatte, mit den Kindern Plätzchen zu backen. Ich meine, wer tut sich sowas denn an? Das Geschrei, der Stress, allein wie die Küche danach aussieht. Man kann im Grunde renovieren. Wenn ich also vergessen habe, dass ich gar nicht selbst backe, hole ich sie am Nachmittag raus, und wir essen sie zu einem Becher Kakao.

Ich hab's ja versucht. Aber ich schaffe das nicht. Ich schaffe es nicht, dreißig Stunden zu arbeiten, den Haushalt zu machen, die Kinder zum Sport zu bringen, Weihnachtssterne zu basteln, Plätzchen zu backen und dabei immer schick auszusehen. ICH-

WILLDASNICHT, und ich will nicht, dass die anderen mir ständig zeigen, was sie alles selbstmachen. Oder Sätze sagen wie: »Seit die Kinder auf der Welt sind, komme ich nur noch alle zwei Tage dazu, das Bad zu putzen«. ALLE ZWEI TAGE. Are you kidding me? Ich bin mir bei unserem Waschbecken nicht mal mehr sicher, ob noch der Keramikanteil überwiegt oder ob es im Grunde zu deutlich höheren Anteilen aus Zahnpastaresten besteht.

Macht gerne, was ihr wollt. Macht auch gerne alles selbst. Aber man muss das doch anderen Müttern nicht erzählen? Man kann das auch ganz hervorragend für sich behalten.

Tayloristische Laternenproduktionsstätten
Die traditionelle Elternbastelzeit wurde gestern feierlich durch die Laternenherstellung zum Feste des heiligen St. Martins eröffnet. Isabell H.*, engagierte Mutter und Freundin des effizienten

---

* Name durch die Redaktion geändert

Arbeitens, konnte sich dabei besonders durch vorausschauende und ergebnisorientierte Bastelbetätigungen hervortun.

Andere Mütter verfehlten die Aufgabenstellung »Laternenbasteln mit Kindern« leider völlig, indem sie ihren Zöglingen mehrere Male auf die Finger hauten, als diese an der Herstellung der Laternendesignstücke aktiv teilnehmen wollten.

Isabell H. griff die herumirrenden Kinder auf und stellte in erstaunlicher Schnelligkeit eine kleine Laternenmanufaktur nach Ford'schen Prinzipien auf, indem der Laternenproduktionsprozess in einzelne Produktionsschritte heruntergebrochen wurde. Jedem Kind wurde eine festgelegte Handgrifffolge beigebracht, die in altersgemäßen Gruppen bereits nach wenigen Probeläufen erfolgreich umgesetzt werden konnte. Die Kinder bis zwei Jahre durften buntes Seidenpapier in Form reißen, die Kinder bis drei Jahre malten die Laternenformvorlagen ab, welche von den Vierjährigen ausgestanzt wurden. Kinder bis fünf Jahre applizierten den Kleber, damit alle Einzelteile abschließend von Isabell H. zusammengefügt werden konnten. Innerhalb der veranschlagten Stunde stellte das Team um Isabell H. siebenunddreißig Lampen her.

Da die Kinder bereits in den ersten zehn Minuten nach Übergabe der von den eigenen Müttern fabrizierten Designerlampen auf selbige fielen, werden am 11.11. die seriell produzierten Lampenmodelle zum Einsatz kommen.

Für das Nikolaus- und Weihnachtsbasteln legt Isabell H. eine ähnliche Vorgehensweise nahe.

Von und mit Babys kann man sehr viel lernen

Ferengiartiges Verhalten

Wenn man ein eigenes Baby hat, weiß man: Das freundlichste Lächeln bedeutet nicht Freude, sondern kündigt an, dass das Baby bald den Darm entleeren wird. Jedenfalls lächelt unser Nachwuchs kurz vor der Ausscheidung immer von einem Ohr bis zum anderen. Obwohl ich das weiß, falle ich ein ums andere Mal wieder darauf herein.

Kaum grinst das Baby beim Wickeln, beuge ich mich lächelnd vor, um es zu knuddeln, und werde dabei regelmäßig angekackt.

Doch was soll's. Ebenso oft nehme ich mein Baby hoch, wirble es umher, bis es quiekt, drücke es wieder an mich und werde vollgekotzt. Meistens genau in den Ausschnitt, wo sich dann zwischen den Brüsten kleine anverdaute Milchbrocken sammeln. So kommt es, dass mein Baby und ich meistens ein wenig streng riechen. Ekel kennt man als Eltern nicht mehr.

So beobachte ich regelmäßig befreundete Elternpaare, die beim bereits fleischessenden Nachwuchs abwechselnd an der Windel schnuppern. Ob ich da noch hinkomme, ist fraglich. Denn immer wenn wir Großbabybesuch haben und dieser ein Kackiwindelchen im Windeleimer als Souvenir hinterlässt, frage ich mich, wie man bei einer vollen Windel überhaupt noch zweifelnd direkt am Gesäß schnüffeln kann. Doch über vieles dachte ich vor der Geburt: Das mache ich nie, niemals. Ich doch nicht!

So langsam gerate ich allerdings in Zweifel darüber, ob ich vielleicht eines Tages auch etwas tun werde, das ich zumindest bis heute noch schauderhaft finde: angekaute Essensreste, die dem Kleinstkind aus dem Mund fallen, eifrig auflesen und verspeisen. Dieses Verhalten ist bei Müttern nicht selten zu beobachten. Wäre es umgekehrt, würde die Mutter vorkauen, die anverdaute Speise wieder hochwürgen und dem zahnlosen Nachwuchs in den Hals erbrechen – ich würde es verstehen –, aber so?

Man kennt das als Trekkie auch aus dem *Star Trek*-Universum. Unter den Ferengis – eine humanoide Alienrasse des Alpha-Quadranten, gibt es ähnliche Verhaltensweisen. Vom Sehen kennen sie sicherlich viele: Ferengi sind eher klein, haben orange- bis bronzefarbene Haut und einen völlig haarlosen Kopf, der mit überdimensional großen, runden Ohren geschmückt ist. Die Ferengi leben eine noch sehr traditionelle Rollenverteilung. Die weiblichen Ferengi – von ihren männlichen Artgenossen nur »Weibliche« genannt – dürfen keine Kleidung tragen, keinen Profit machen, das Haus nicht verlassen und nicht Schreiben lernen. Sie müssen ihren Männern und Söhnen das Essen vorkauen. Alles andere wäre zu anstrengend für die Männchen.

Da ich aber ein Mensch bin, weigere ich mich (noch), sowohl Essen vorzukauen als auch vorgekaute Nahrung zu essen. Doch wie gesagt, kaum war das Kind auf der Welt, habe ich gelernt: Alles ist anders, als man vorher denkt, und so kann ich mir heute zumindest theoretisch vorstellen, eines Tages meinen Nährstoffhaushalt durch weichgespeichelte Essensreste meines Kindes zu ergänzen. Man muss es ja nicht übertreiben und sich ausschließlich von dem ernähren, was die Kinder aus dem Mund fallen lassen. Wobei – so ungesund ist das bestimmt gar nicht. In der heutigen Zeit, in der man sich selten Zeit für ein ausführliches Essen nimmt und die einzelnen Bissen auch keine – wie oft empfohlen – 50 Mal kaut, ist es für die Verdauung vermutlich gar nicht so übel, leicht anverdaute oder zumindest gründlich eingeweichte Nahrung zu sich zu nehmen.

Ja, doch, umso länger ich darüber nachdenke – eine sehr ausgewogene Ernährungsform ist das. Man isst, was dem Kind runterfällt, und ergänzt es mit dem, was die Kinder auf den Tellern übrig lassen, weil sie es nicht schaffen oder weil sie es nicht mögen (dann ist es zumindest ganz sicher gesund!). Dieses zwanghafte Resteessen nenne ich übrigens Schneewittchen-Syndrom, und das Phänomen ist sogar bei den Weight Watchers bekannt. Es führte zu einer wichtigen Regel, um die Aufnahme von Kalorien zu vermindern: »Du bist nicht der Mülleimer der Familie. Du musst nicht aufessen, was die anderen liegen lassen!«

Mir egal. Ich esse ab jetzt, was auf den Tisch fällt – oder auch darunter! Konsequenterweise sollte ich dann allerdings auch darüber nachdenken, mein Baby täglich sauber zu lecken, wie die Kätzchen es tun. Konsequent muss man sein – denn so spart man nicht nur beim Lebensmitteleinkauf, sondern auch bei den Babypflegeprodukten und kann das Kindergeld einer wohltätigen Organisation spenden.

Experte für alles Verbotene

Als ich noch keine Kinder hatte, konnte ich gute von schlechten Erziehungstipps nicht unterscheiden. Ich dachte, wenn etwas schlüssig geschrieben ist oder logisch nachvollziehbar klingt, dann stimmt das. Ich dachte, wenn man sich ein bisschen einliest in die Materie, dann unterlaufen einem wenigstens bestimmte Anfängerfehler nicht, und die gröbsten Erziehungsziele können problemlos erreicht werden: Die Kinder schlafen durch, räumen ihre Zimmer auf, ziehen sich selbständig an und sagen immer artig »Bitte« und »Danke«.

Jetzt, da ich doch schon ein paar Jahre mit Kindern verbracht habe, besteht für mich kein Zweifel daran, dass die meisten Erziehungstipps von Kinderlosen stammen. Neulich ist mir wieder mal so ein schlechter Tipp in einer Elternzeitschrift begegnet, denn da stand, ich zitiere jetzt mal eins zu eins: »Wenn Ihr Kind mit dem Telefon spielen will, machen Sie kein Machtspiel daraus – überlassen Sie ihm ein ausgedientes Telefon. Es wird den Unterschied nicht merken.«

Von wegen. Kinder sind wie Diamantexperten. Denen kann man auch nicht einfach ein Stück geschliffenes Glas in die Hand geben und sie von dessen einzigartiger Schönheit überzeugen. Egal wie meisterhaft der Schliff ist – Glas bleibt Glas. Dasselbe Expertentum kann man auch bei Babys beobachten, wenn es um teure digitale Geräte geht. Ich behaupte das nicht einfach so, ich habe es in einer mehrstufigen Versuchsreihe ausprobiert.

Versuchsaufbau 1:

Ich lege ein Babytelefon und mein eigenes Smartphone vor das Kleinkind. Das Babytelefon ist bunt und handlich. Ab und zu schmettert es dem Baby ein fröhlich auffordernes »Hallo« entgegen. Das Baby sitzt vor den beiden Geräten. Es mustert sie aufmerksam, sagt »Ga!« und schlägt auf das echte Handy.

Versuchsaufbau 2:

Ich mache es etwas komplizierter. Ich lege mein aktuelles Endgerät und das Handy, das kürzlich seinen Geist aufgegeben hat, vor das Baby. Beide Telefone sind selbstverständlich ausgeschaltet. Weder durch Töne noch durch Farben oder Ähnliches sind die beiden Geräte unterscheidbar. Nach kurzem Betrachten wählt der Nachwuchs das funktionstüchtige Exemplar.

Versuchsaufbau 3:

Als letzte Verifizierung lege ich das sündhaft teure Handy des Kindesvaters und mein mittelpreisiges Neutelefon vor das Baby. Diesmal zögert das Baby. Es geht nahe mit der Nase an die Telefone, leckt einmal kurz daran, befühlt sie zärtlich und wirft sie dann probeweise mehrere Male auf den Boden. Letztendlich aber, Sie ahnen es, wählt es das teurere.

Deswegen mal ein echter Expertentipp:

Ihr Kind kennt sich intuitiv hervorragend mit Ihren teuren elektronischen Gadgets aus. Das ist angeboren. Alles, was Ihnen lieb und teuer ist, wird auf Falleigenschaften, Schwimm- und Tauchfähigkeiten sowie Flugverhalten getestet werden. Das ist nun mal so. Wehren Sie sich nicht dagegen. Lernen Sie zu akzeptieren. Es gibt deswegen nur einen Weg, und denken Sie jetzt nicht, es würde helfen, dem Kind zähneknirschend ein Doppel Ihres eigenen Geräts zu kaufen. Darum geht es dem Baby nämlich nicht. Es will Ihr Gerät! Das Gerät, das Sie vor seinen Augen tagein, tagaus benutzen. Das, was Sie immer in der Hand halten, das, was Sie streicheln und zärtlich betasten. DAS will es haben.

Wählen Sie also ab der Geburt des Kindes nur das billigste, und sparen Sie zusätzlich, indem Sie dem kleinen Racker einfach gar kein Spielzeug kaufen. Daran ist er ohnehin nicht interessiert. Kinder spielen nicht mit Spielzeug. Kinder spielen mit Erwachsenenzeug. (Kinder benötigen auch kein eigenes Zimmer. Kinder wollen immer bei Ihnen sein, ganz nah – aber das ist ein anderes Thema.) Wenn das billige Telefon dann den Geist aufgibt, weil das Baby reinbeißt oder weil es damit Weitwurf übt, dann kaufen Sie sich einfach ein neues. Das hat auch andere Vorteile. Sie sparen sich beispielsweise die zeitaufwändigen Updates, weil das neue Gerät schon immer das aktuelle Betriebssystem installiert hat. Denken Sie mal drüber nach.

Wenn Sie trotz aller gut gemeinten Ratschläge nicht hören wollen, weil Sie begeisterter Technikfreak sind und nicht auf Ihren Luxus verzichten können, hilft nur eines: Kaufen Sie ein Ba-

bytelefon. Telefonieren Sie in Gegenwart des Kindes mehrere Male und sehr ausgiebig damit. Vergessen Sie nicht, vorher ein Klingelgeräusch nachzuahmen, tippen Sie eine glaubhafte Anzahl von Nummern, wenn Sie selbst telefonieren wollen, führen Sie sinnvolle Gespräche (ein einziges Hallohallobabytschüss-Gespräch, und Ihre Bemühungen sind futsch), und vergessen Sie nicht, regelmäßig NEIN zu rufen, wenn das Baby nach dem Spieltelefon greift.

ZZZzzzzz zzzzzz zzzzzz!
Kind 2 schläft schon im Säuglingsalter brav und ohne Protest ein. Wenn die Eltern sich jedoch abends auf Zehenspitzen ins eigene Bett schleichen, möchte es auch mit. Und kaum sind die Eltern eingeschlafen, krakeelt es stündlich und tut so, als habe es die letzte Nahrung vergangene Woche erhalten. Also stehe ich auf und stille es, bis es satt einschläft. Doch kaum sechzig Minuten später verhält es sich wie die Ziege aus *Tischlein deck dich* und schreit: »Wovon sollt ich satt sein? Ich sprang nur über Gräbelein und fand kein einzig Blättelein: Mäh! Mäh!«, was in Babysprache übersetzt »Rääbääähh, RÄÄBBÄÄÄHHHH!« heißt. Tatsächlich strengt mich das etwas an, und ich kann mittlerweile nachfühlen, warum Schlafentzug in einem anderen Kontext als Foltermethode angewendet wird.

Damit meine Entbehrungen nicht völlig umsonst sind, halte ich meine Beobachtungen hinsichtlich des Schlafentzugs und seiner Folgen in einem kleinen Heftchen für die Somnologie fest. Ich habe immer ein wenig Hoffnung, dass sich durch das Sammeln großer Datenmengen irgendwann Zusammenhänge zeigen, auf die ich so nie gekommen wäre. Durch das Schlagwort »Big Data«, das derzeit durch die Medien geistert, scheint diese Hoffnung durchaus berechtigt. Unternehmen – ja Staaten – können durch das bloße Sammeln unfassbarer Datenmengen Erkenntnisse erlangen, die sie zu ihrem Vorteil nutzen können. Wenn man einfach ALLES erhebt, was erhebbar ist, und dann auswertet, wie die einzelnen Faktoren miteinander korrelieren, kommt man zu überraschenden Einsichten. Ich denke, das kann man im Kleinen auch bei den eigenen Kindern anwenden. Es gibt schließlich ganz sicher Faktoren, die das Ein- beziehungsweise Durchschlafen begünstigen, und andere, die das eher negativ beeinflussen. Ich notiere also die Mondphasen, die Farbe des

Schlafanzugs, die Zeit des Einschlafens, die Musterung des Bettlakens, die Größe des Schlafsacks, den Lux-Wert der Schlafzimmerbeleuchtung, die Schlafposition des Kindes.

Vielleicht schläft das Baby zum Beispiel nur deswegen so schlecht, weil es zuerst auf den Rücken abgelegt und dann das Nachtlicht ausgestellt wird. Vielleicht würde es spontan durchschlafen, wenn man die Reihenfolge einfach umkehren und es immer einen grünen Strampler tragen würde.

Natürlich spielt auch mein eigenes Verhalten eine Rolle.

Notiz 1 (Während der letzten 10 Tage hatte ich maximal 40 Minuten Dauerschlaf, gesamte Schlafmenge auf 24 Stunden: 240 Minuten):

24 h: Kind liebevoll aus der Wiege nehmen, stillen.

01 h: Kind liebevoll aus der Wiege nehmen, stillen.

02 h: Kind aus der Wiege nehmen, stillen.

03 h: Kind streicheln, sieben Strophen *Der Mond ist aufgegangen* singen, Kind doch aus Wiege nehmen, stillen.

04 h: Kind streicheln, leise gut zureden, fünf Strophen *Die Blümelein, sie schlafen* singen, Kind doch aus der Wiege nehmen, Kind schläft sofort ein, Kind in Wiege zurücklegen, Kind wieder aus der Wiege nehmen, stillen.

05 h: Leise weinen und Kind gut zureden, Kind von Augenringen und dem unbändigen Bedürfnis nach Schlaf berichten, sinnloses Zeug singen, Kind doch aus der Wiege nehmen, Kind schläft sofort ein, Kind in Wiege zurücklegen, Kind wieder aus der Wiege nehmen, stillen.

06 h: Der Wecker klingelt. Kind schläft.

Tagsüber schreckliche Müdigkeit verspüren. Wenn Menschen mit mir sprechen, werden ihre Stimmen leiser, ihre Gesichter verwischen, ich sehe Farben.

Notiz 2 (Während der letzten 14 Tage hatte ich maximal 40 Minuten Dauerschlaf, gesamte Schlafmenge auf 24 Stunden: 240 Minuten):

24 h: Kind liebevoll aus der Wiege nehmen, stillen.

01 h: Kind aus der Wiege nehmen, stillen.

02 h: Aus dem Bett kriechen, an die Wiege robben, an den Gitterstäben hochziehen, Kind aus der Wiege nehmen, auf Boden zurücksinken, stillen.

03 h: Mit Kind am Bauch auf dem Boden aufwachen, versuchen, irgendwas zu sagen, stillen.

04 h: Über die Gitterstäbe der Wiege gebeugt aufwachen, Kind streicheln, versuchen, Kind aus Bettchen zu nehmen, ins Bettchen fallen, stillen.

05 h: Wirres Zeug faseln, Kind mit Kissen verwechseln, durch gezielten Griff ins Auge wieder geweckt werden, stillen.

06 h: Der Wecker klingelt. Kind schnarcht.

Tagsüber nur Einwort- bis maximal Zweiwortsätze, um mit anderen zu kommunizieren. Über Kinderwagen gebeugt Mikroschläfchen halten.

Notiz 3 (Während der letzten 21 Tage maximal 60 Minuten Dauerschlaf, gesamte Schlafmenge auf 24 Stunden: 200 Minuten):

Halluzinationen. Totaler Gedächtnisverlust. Morgens unter dem Babybett mit Kind an Brust aufwachen, sich an nichts erinnern.

06 h: Der Wecker klingelt. Kind schläft selig, es sieht so niedlich aus. Hach!

Notiz 4 (Während der letzten 30 Tage maximal 100 Minuten Dauerschlaf, gesamte Schlafmenge auf 24 Stunden: 200 Minuten):

Dgkgeif hdqw gdkqg.
Kjsd krrr.
Egjegk kei3g flhflfl!

Papilla-mammaria-Phobie

Stillen ist, wenn es klappt, eine super Sache. Man spart Geld, hat das Essen immer in der richtigen Temperatur dabei, es ist hygienisch verpackt, sehr bekömmlich, und irgendwo habe ich mal gelesen, dass Stillen sogar den Geschmackssinn des Babys schult, weil sich der Geschmack der Nahrung, welche die Mutter zu sich nimmt, in zarten Konzentrationen in die Muttermilch überträgt, sodass die sensiblen Säuglingsgeschmacksknospen nach und nach neue Geschmäcker kennenlernen. Bei künstlicher Babynahrung ist das nicht so, denn die ist industriell genormt und schmeckt von daher immer gleich. Ach, auf Muttermilch kann man ein Loblied singen. Die Sorge um Verderblichkeit ist obsolet, und auch ohne selbsterfundenes Siegel ist alles umweltfreundlich verpackt.

Beim ersten Kind habe ich mir noch Gedanken über alles Mögliche gemacht. Wie oft ich stille, dass ich Pausen dazwischen lasse, dass das Kind lange genug trinkt, um an die fette Hintermilch zu kommen. Vor allem war ich noch etwas schamhaft, was die Präsentation meiner Brust anging. Man war es ja doch gewohnt, sie eher zu verbergen. Vor fremden Menschen – aber auch vor Freunden und Bekannten. Also zog ich mich zum Stillen an privat anheimelnde Orte zurück. Stinkende, öffentliche Toiletten zum Beispiel. Oder ich nahm ein großes Tuch mit, das ich mir über entblößte Brust und Babykopf warf. Das Baby war eher mittelmäßig begeistert von dieser Verdeckung, und so war der ein oder andere Kampf zu bewältigen. Ich habe lange gestillt. Einfach weil es so bequem war. Dabei wich langsam, aber sicher die Scham.

Dann, beim zweiten Kind, war mir alles völlig egal. Die Brust wurde bei Bedarf ausgepackt, so wie man auch ein Fläschchen auspacken würde, und ob das jemand sehen konnte, war mir gleichgültig. Sollen die Menschen, die das empören könnte, doch einfach wegschauen. Das Kind hat Hunger, die Nahrungsquelle wird ans Tageslicht geholt.

Eine kinderlose Freundin, die mich in dieser Zeit besuchte, sagte am Ende: »Ich habe in meinem Leben noch nie so viel nackte Brust gesehen. Ich bin beeindruckt.«

Ich gebe zu, ich hätte etwas achtsamer sein können. Aber da ich nach Bedarf stillte, das Baby gerade einen Wachstumsschub durchmachte und gefühlt im Zehnminutentakt nach Milch verlangte, war es den Aufwand kaum wert, die Brust jedes Mal wieder einzupacken. Vor allem zuhause.

Schließlich verlor ich aber die Fähigkeit, wahrzunehmen, ob meine Brust gerade nackt war oder sich sittlich eingepackt unter einem Oberteil befand.

Also plagte mich zunehmend die Sorge, dass ich vergessen könnte, die Brust wieder einzupacken. Es gibt schließlich die Tage, an denen das Baby ganz auf Du und Du mit der Brust ist. Sollte es dann mal an der Tür klingeln oder man aufgrund schwindender Essensvorräte gezwungen sein, das Haus zu verlassen, könnte es passieren, dass es sich überaus natürlich anfühlt, wenn die Brust aus dem T-Shirt hängt. Oder man stillt gerade, und die anderen Kinder machen den üblichen Radau, man ist spät dran zum Impftermin und bricht deswegen überstürzt und barbusig auf.

Jedenfalls befürchtete ich, dass mir ein solches Missgeschick passieren könnte. Barbusig mit Baby dran – okay, aber barbusig ohne Baby dran – das wäre mir doch ein wenig unangenehm gewesen. Das Gefühl beschlich mich vor allem dann, wenn mich Menschen auf der Straße seltsam anschauten. Es kam mir dabei selten in den Sinn, dass ihre irritierten Blicke meinen ungewaschenen Haaren oder der Babykotze auf meiner Jacke gelten könnten. Ich fürchtete zunächst stets, die Brust lugt hervor.

Dieses Phänomen nenne ich ab heute Papilla-mammaria-Phobie. Die Dinge brauchen schließlich einen Namen, damit man lernt, mit ihnen umzugehen. Am Ende würde es ohnehin niemanden stören. Zumindest nicht in Berlin.

PEKiP right from hell

Es ist ja so: Als kinderloser Mensch verpasst man im Leben nicht nur das Kinderhaben, sondern auch das ganze Drumherum. PEKiP-Kurse zum Beispiel.

PEKiP war mir früher auch kein Begriff. PEKiP ist ein Akronym und steht für Prager Eltern-Kind-Programm. Es ist ein Konzept der Elternarbeit, welches im ersten Lebensjahr des Kindes durchgeführt wird. Man kann sich das wie eine Art Krabbelgruppe vorstellen. Nur dass die Kinder, zumindest zu Beginn, noch gar nicht krabbeln können. Es soll der Prozess des Zueinanderfindens zwischen Baby und Eltern unterstützt und der Kurs stellt eine Art Frühförderungsprogramm für die Kleinen dar. Eltern können sich in diesem Rahmen austauschen. Wann PEKiP so in Mode gekommen ist, weiß ich nicht. Aber in meiner Kohorte hat das eigentlich jede Mutter (und ganz selten auch mal ein Vater in Elternzeit) gemacht.

Ich mochte das Konzept. Man kommt zum PEKiP, zieht die Kinder ganz nackend aus und redet dann eine Stunde mit den anderen Eltern, bevor man die Babys wieder anzieht.

Das macht im Sommer sogar noch mehr Spaß als im Winter. Da kommt man von angenehmen 27 Grad Außentemperatur in einen Raum, der gefühlte 45 Grad hat. Die Luftfeuchtigkeit ist ebenfalls extrem hoch, und das Besondere daran: Das ist nicht nur die schnöde Luftfeuchtigkeit, nein, da die Kinder nackt sind und alles im Zehnminutentakt vollpinkeln, handelt es sich um pipidurchtränkte Luft. Das beißt ein bisschen in den Augen, aber man möchte ja nur das Beste fürs Kind und lässt deswegen keine Frühförderungsgelegenheit aus.

Man zieht das Baby also aus, atmet Pipi und schwatzt mit anderen Müttern. Vornehmlich solchen, die wirklich glauben, dass Babys eines Tages durchschlafen, und zwar im Sinne von zehn Stunden am Stück.

Ich erinnere mich noch gut, als ich einem Freund mit zwei Kindern, beide deutlich über fünf, diese Frage gestellt habe: Ab wann schlafen Babys eigentlich durch? Er schaute mich warmherzig an und seufzte, legte seine Hand auf meine Schulter, setzte zu einem langen Monolog an, besann sich dann aber eines Besseren und wechselte abrupt das Thema. Ein Kind später wusste ich, er hatte sich richtig verhalten. Zwei Kinder später antwortete ich auf die lieb gemeinte Frage: »Schläft Ihr Baby denn schon durch?«, mit: »Nein, aber mein Mann schläft auch noch nicht durch, und deswegen mache ich mir derzeit keine Sorgen.«

Jedenfalls mit meinem ersten Baby habe ich diesen Kurs wirklich ein Jahr durchgehalten. Bei dem zweiten Baby musste ich leider passen.

Dachte ich beim ersten Kurs noch, die haarigen Achseln der anderen Mamas seien die einzig zu ertragende Plage, bin ich mir nun nicht sicher, ob ich irgendwo unwissentlich Nektar der Ambrosia zu mir genommen habe. War der erste Kurs noch durchtränkt von Sanftmut und der Idee des »Attachment Parenting«, so stellte sich der zweite PEKiP-Kurs doch recht bizarr und etwas unerwartet dar:

Denn hier schrie die PEKiP-Leiterin gerne mal ein Baby an, das zu heftig lautierte, weil es versuchte gegen ihr Dauergequatsche anzukommen: »NA WILLST DU ENDLICH MAL RUHIG SEIN?« Meinen sizilianischen Todesblick empfangend, lächelte die PEKiP-Leiterin aber sogleich und beteuerte, dass der Gefühlsausbruch ein kleiner Spaß gewesen sei.

Anschließend verteilte sie Zuckerbuchstaben, die wir mit unserer Zunge entschlüsseln sollten. Neun der zehn Frauen schaffen es nicht. »Ein super Partyspiel!«, verkündet die Leiterin. »Wenn man es nicht rät, muss man einen Schnaps trinken!« Schnaps – in der Stillzeit – total lustig. Danach bekamen wir Empfehlungen, welche Schnäpse sich besonders als Muttertagsgeschenke eignen.

Gerne hat uns die Leiterin auch verboten, die Babys auszuziehen. Meines Wissens ein sehr wesentliches Element des PEKiP-Gedankens. Es sei schließlich bitterkalt. Während ich vor Hitze und Wut schwitzte, tat sie zur Bekräftigung das, was ich am allermeisten liebe. Sie fasste mich beim Sprechen mehrere Male ungefragt mit ihren eiskalten Fingern an meinem Oberarm an. Ihr Handabdruck blieb wie ein nie verklingen wollendes, kaltes Echo auf meinem Körper.

Bislang dachte ich, die nie enden wollenden Sitzungen in großen Konzernen zur Abstimmung irgendwelcher Powerpoint-Präsentationen seien meine Zen-Übungen gewesen. Falsch, falsch, falsch! Es ist diese Frau, die mir die Tränen in die Augen trieb, wie eine alte Zwiebel. Ich knirsche mit den Zähnen, atme durch die Nase, reibe meine Augen, zwirbele meine Haare – aber ich würge sie nicht. Ich würge sie nicht. Ich bin Ruhe. Ich bin Gelassenheit. ICH BIN EIN STILLER SEE. ICH BIN EIN VERDAMMT NOCHMAL LAUES LÜFTCHEN!!!!

Urzeitliches Geflügel

Als ich noch stillte, war alles wunderbar. Im Angesicht der Hormone zauberte mir mein Baby, das nächtens um Punkt drei beschlossen hatte, völlig ausgeschlafen zu sein, ein mildes Lächeln auf die Lippen.

Auch bemerkte ich eine ausgeprägte Form von 17-Uhr-Wahnsinn an mir. Man kann sich das wie folgt vorstellen: Ich laufe von der Arbeit nach Hause, und egal was passiert oder wem ich begegne, ich finde es toll.

Es stürmt, gefühlte minus zwanzig Grad, Hagelkörner peitschen in mein Gesicht, ich habe meine Jacke vergessen. Meine Gedanken: Hach, so ein erfrischender Herbststurm. Wie der Straßendreck so durch die Luft wirbelt. Mir direkt ins Gesicht. Das macht ja nichts, das kann ich ja abduschen, und die Straßen, die sind dann schön sauber.

Hm, diese Ohrenschmerzen ... hach, schön, dass man die Ohren überhaupt mal am Körper bemerkt. Das ist ja selten. Hallo, ihr kleinen Ohren. Haha.

Ein Punker rotzt vor mir auf die Straße. Der Wind treibt seinen Schleimstreifen auf meinen Schuh. Sein Körpergeruch mischt sich mit hundert Jahre abgestandenem Rauch und weht mir in die Nase. Meine Gedanken: Hach, jetzt habe ich endlich mal einen Anlass, die Schuhe ordentlich zu putzen. Macht man ja sonst nie. Und Punker? Schön, dass es die in Berlin gibt. In Bamberg gab's ja gar keine richtigen. Also jedenfalls nicht solche, die auf der Straße leben und richtig stinken – nur so 'ne Persil-Punker. Das ist ja nichts. Die in Berlin, die sind wenigstens authentisch. Schön!

In einer tiefen Ebene meines Bewusstseins ist mir dabei natürlich klar, dass ich das nicht wirklich denke! Aber ich fühle es. Ich will den Wind umarmen, den Punker und seine Kumpels samt Hunderudel nach Hause auf mein geliebtes und bislang ungern geteiltes Sofa einladen, mit ein paar Jugendlichen kichernd um die Wette rülpsen.

So lief ich also bis zum Abstillen leicht verstrahlt durchs Leben.

Dann kam jedoch mein Realitätssinn wieder, und so manche Situation lässt mich nun eher Zähne knirschen als selig grinsen. Auch um 17 Uhr.

So treibt es mich beispielsweise in den Wahnsinn, wenn das Baby jegliche Fremdfütterung verweigert und auf das Selbstessen besteht. Nanu, mag sich der Babylose wundern. Was ist denn falsch an Babys Bestrebungen zur Selbständigkeit?

Im Grunde gar nichts, gäbe es nicht die Nebenwirkungen, die sich statistisch in sechs Stunden Essen, drei Stunden Putzen und täglich einer zusätzlichen Wäscheladung niederschlagen.

Denn kaum hat sich das Baby ein Brokkoliröschen geangelt, wird ein Drittel in den Mund gesteckt, ein Drittel in den Tisch massiert und das letzte Drittel an den Wänden und auf dem Boden verteilt.

So saß ich also wochenlang griesgrämig neben dem Hochstuhl und beobachtete das eifrige Treiben – bis ich schließlich entdeckte, dass all das nicht Ausdruck eines ausgefeilten Mutterärgerprogramms war, sondern dass es sich um ein Zeichen von außergewöhnlicher Intelligenz bei meinem Sprössling handelte.

Nicht nur dass er die physikalischen Eigenschaften der verschiedenen Nahrungsmittel so eifrig testete. Nein, er hatte durch schimpansenartige Intelligenz auch ein System gefunden, wie man unhandlich große Stücke ohne Werkzeug in mundgerechte Happen zerlegt.

In einem Feldversuch ließ sich eine eindeutige Korrelation zwischen Happengröße und Häufigkeit des Heruntergeschmissenwerdens ermitteln.

War das Baby am Ende satt, warf es aber die von mir akribisch zerkleinerten Essensbrocken dennoch auf den Boden.

Ich denke, es tut das basierend auf einer zehntausend Jahre alten Höhlenmenschentradition. Dort warf man die letzten Samenhülsen und Ähren ebenfalls auf den Boden, um Kleingeflügel wie Waldschnepfen anzulocken. Hatten die sich ordentlich fettgefressen, wurde ihnen der Hals herumgedreht, und die Urmenschen konnten sich über eine saftige Schnepfenkeule freuen.

Sobald mir das aufgegangen war, hatte ich meine anfängliche Entspanntheit wieder zurück. Es lohnt sich eben nachzudenken. Immer. Und sich eventuell ein paar Schnepfen zu besorgen die man dann an Weihnachten zu einem schönen Braten verarbeiten kann.

Klingonische Babybespaßung

Damit man sich mit Baby nicht langweilt und auch um die Wirtschaft anzukurbeln, macht man heutzutage mindestens drei Babyförderungskurse pro Woche. In Berlin sind in Sachen Babybespaßungsprogramme kaum Grenzen gesetzt, und ohne Frühchinesisch, Baby-Yoga und Intuitive Physik kann man sich als Mutter eigentlich kaum in der Öffentlichkeit zeigen. Der Nachwuchs will gefördert sein, keine Hochbegabung soll unerkannt bleiben, keine Chance auf die Verbesserung der Zukunftschancen verpasst werden.

Wenn man dem Gehirn genug Futter zur Verfügung gestellt hat, dann sollte man auch unbedingt an den Körper denken und die Motorik gezielt fördern. Deswegen geht man am besten mindestens einmal in der Woche mit den Babys schwimmen.

Wobei, ich nenne das Ganze lieber Babyrafting. Etwas naiv bin ich davon ausgegangen, dass Babykurse von pädagogisch geschultem Personal angeleitet werden. Meine Erfahrung zeigte mir aber in der Zwischenzeit, dass das eher selten der Fall ist. Auffällig viele Quereinsteigerinnen gibt es aus dem Militär – so scheint es mir jedenfalls. Das eben erwähnte Babyrafting ist nämlich Teil des Babyschwimmkurses und wird von einer ehemals militärisch aktiven Schwimmlehrerin kommandiert.

Vielen wird das vielleicht nichts sagen, aber ich musste ununterbrochen an klingonische Rituale denken, in denen Frauen ihre Ehefähigkeit unter Beweis stellen müssen. In der Star-Trek-Serie *Deep Space Nine* wünscht eine Symbiontin namens Jadzia Dax den Klingonen Lieutenant Worf zu ehelichen. Klingonen sind nicht zimperlich, und eigentlich sind Eheschließungen mit Nichtklingoninnen nicht gerade erwünscht. Jadzia Dax muss sich zunächst als stark und ehrenvoll erweisen, um in einem klingonischen Haus aufgenommen zu werden, und dafür eine Reihe von harten Prüfungen bestehen. Ich habe die Serie das letzte Mal in den Neunzigern gesehen und meine mich zu erinnern, dass

sie stundenlang mit ausgestreckten Armen zwei gefüllte Wassereimer halten musste.

Um mich als bekennende Trekkie in die Situation einzufühlen, habe ich damals zwei Streichholzschachteln fünf Minuten mit horizontal gestrecktem Arm in die Luft gehalten. Das ist unfassbar anstrengend! Ich wäre ganz sicher nicht in der Lage, einen Klingonen zu heiraten …

Jedenfalls nicht ohne vorher das Babyschwimmtraining zu absolvieren. Ich hab's mir da ein wenig entspannter vorgestellt. Aber tatsächlich ist das von der Schwimmlehrerin erdachte Baby-Wasserworkout für die Mutter eine gute Vorbereitung auf eventuell anfallende Ehefähigkeitsprüfungen unter Klingoninnen. Wir mussten die Babys im Dreiminutentakt aus dem Wasser heben und mit ausgestreckten Armen von uns weghalten und dann rhythmisch wieder ins Wasser eintunken, damit die Babys nicht weinten, weil ihnen zu kalt war.

Zwischen dem Muskeldrill schrie die Schwimmlehrerin, sodass ihr das Gaumenzäpfchen an die Vorderzähne schlug: »UND JETZT SCHMUSEN!«, und wir drückten alle angsterfüllt unsere Babys an unsere zittrigen Körper.

Wenn wir allen Anweisungen brav gefolgt und die Strafliegestütz erledigt waren, setzten wir die Babys in Schwimmringe. Daraufhin stellte der »swim instructor« die Gegenstromanlage an, und wir schossen die Babys mit 3 G Beschleunigung ans andere Beckenende, wo eine Mutter wartete, um das Baby abzubremsen. Eine nervliche Anspannung, die man kaum fünf Minuten aushielt. Deshalb wurde die Mutter regelmäßig ausgetauscht. Schließlich wollte niemand, dass die Babys an den Schwimmbeckenrand dotzten. Die Babys amüsierten sich gut und lachten übermütig.

Da das Babyschwimmen in einer Sauna stattfand, begleiteten

fröhlich applaudierende, nackte, alte Männer, deren Bauch über das Geschlecht hing, das Spektakel.

Nach zehn Runden Schwimmreifenrafting tauchte man die Babys dann kurz in Eiswasser und ging dann mit ihnen in die Babysauna. Dort bespritzten sich die kleinen windellosen Pupser mit ihrem kalten Trinkwasser und jauchzten so laut, dass einem das Herz aufging.

Auf Dauer war mir der Drill dieses Kurses aber zu krass, also habe ich mich nochmal umgehört und bin in einen freien Babyschwimmkurs gewechselt. Da war es fast, wie ich mir das ursprünglich vorgestellt habe. Man gleitete samt Nachwuchs durch ein pipiwarmes Becken und plätscherte gut dreißig Minuten durchs Wasser. Dabei macht man »oioioi« oder auch »jaoioioi, fein!«. Das Baby gluckst und freut sich, und am Ende ist es so erschöpft von der Schwimmaufregung, dass es noch beim Anziehen in der Umkleidekabine einschläft und drei Stunden am Stück schlummert. Das wiederum ist für die begleitende Mutter großartig, die sich entspannt bei einem Kaffee ausruhen kann und endlich mal dazu kommt, ein gutes Buch zu lesen.

So läuft das theoretisch. Praktisch ist man leider ununterbrochen auf der Flucht. Auf der Flucht vor anderen Muttis mit Baby.

Mal kurz den üblichen Smalltalk austauschen ist ja völlig in Ordnung, aber die meisten wollen dann gar nicht mehr aufhören zu reden.

Andere Mutter: »Wie alt ist Ihr Baby denn?«

Ich: »Vier Monate.«

Andere Mutter: »Meins ist xx Monate. Was ist es denn?«

Ich: »Ein Baby.«

Andere Mutter: »Meins ist ein xx. Waren Sie schon öfter hier?«

Ich: »Nein.«

Andere Mutter: »Ich schon, wir gehen jede Woche. Macht es Ihrem Baby auch so Spaß?«

Ich: »Weiß nicht, es redet noch nicht.«

Spätestens da winke ich einem imaginären Menschen zu: »Ah, da, hallo, der/die Onkel/Tante/Opa/Oma. Ich muss leider los…«, und paddele von dannen.

Die fremde Mutti nimmt die Verfolgung auf.

Andere Mutter: »Ach, Sie sind gar nicht alleine hier?«

Ich erhöhe die Geschwindigkeit, biege unerwartet ab und schiebe mein Baby an der aufdringlichen Mama vorbei.

Andere Mutter: »Sie sind aber schnell. Hihi.«

Die Mutti bindet sich ihr Baby auf den Rücken und krault mir hinterher. Ich schaue in die Luft und gebärde mich seltsam. Dabei sage ich laut: »Hoffentlich sieht der Bademeister nicht, dass du diese extrem ansteckende und gefährliche Krankheit hast, mein süßes Baby!«

Die kommunikationssüchtige Frau hat Wasser in den Ohren und kommt immer näher.

Ich schnalle meinem Baby und mir Atemgeräte um. Dann eben Babytauchen. Wir gleiten leise blubbernd durch die Beine der anderen Frau hindurch. Endlich Ruhe!

Dönerbaby oder das Einmalklamott

Eltern werden das kennen. In einem Moment strahlt das Baby noch, doch kurze Zeit später stinkt es schon. Auf kürzestem Weg zur Wickelkommode also. Man legt das Baby ab, und wenn man dort zum Windelnwechseln den Po anhebt, läuft das Baby oben aus. In der Regel machen Babys nämlich in die Windel, wenn sie gerade gefüttert worden sind. Ist irgendwie auch logisch. Es muss schließlich Platz geschaffen werden. Manchmal entleert sich das Baby auch milchfontänenartig durch den Mund. Vielleicht schafft man es dann gerade noch, sich selbst vor Flecken zu retten, das Baby hingegen ist milchbesudelt. Da man ja eigentlich gerade dabei war, die Windel zu wechseln, ist diese schon geöffnet, und während man nun zunächst das Mündlein trocken tupft, tunkt das Baby fröhlich die Füßlein in die flüssige Babykacke und stempelt die Wickelkommode. Hektisch greift man zum Tuch und poliert das gute Möbelstück, da pinkelt das Baby im hohen Bogen aufs elterliche Shirt. Okay, okay, denkt man sich. Also ziehen wir uns jetzt alle um.

Des Zen mächtig, putzt man das Baby und zieht ihm einen neuen Body an. Beim Wenden reihert das Baby allerdings erneut, als gäbe es kein Morgen – was rein rechnerisch eigentlich gar nicht geht – denn das Baby hat höchstens 200 ml Milch getrunken, jedoch mindestens schon drei Liter gespuckt. Es hilft ja nichts, und während man erneut den Body wechselt, kommt wieder dieses freundliche Drückgesicht, und schon wieder ist die Windel voll.

So kann man Stunden verbringen. Putzen, umziehen, wischen, anziehen, ausziehen, reinigen, anziehen, tupfen, ausziehen ... immerzu und immerfort.

Das ist der wahre Grund, warum man in Elternzeit geht und es beinahe unmöglich ist, nebenher zu arbeiten oder irgendetwas anderes zu tun.

Ich bin ungeduldig und deshalb pragmatisch veranlagt, und dieses Ritual kostet mich den letzten Nerv. Also habe ich das »Einmalklamott« erfunden. Das Einmalklamott hat viele kuschelige Kleidungsschichten. Wenn man es dem Baby zum Wochenbeginn anzieht, sieht es noch ganz rund aus. Das hat übrigens den günstigen Nebeneffekt, dass das Baby sich nicht verletzen kann, denn wenn es gegen etwas stößt, rollt es sanft zur Seite. Jedenfalls montags kommt das Baby da rein, und erst am Sonntag ist es komplett ausgeschält – dazwischen, ritsch, ratsch, wird einfach Schicht für Schicht abgezogen – ohne lästige Knöpfe oder gar so komplizierte Dinge wie Wickelbodys.

Das Einmalklamott ist erhältlich in »Supersuck« (28 Lagen) für Spuckbabys oder »Everydaypuke« (7 Lagen) für »normale« Babys. Kotzt, nässt oder verunreinigt sich das Kind, reißt man einfach eine Lage ab und fertig.

So startet das Baby jeden Montag prall wie ein frischer Döner in die Woche und endet am Sonntag quasi badefertig und nackt zum wöchentlichen Waschritual. Das spart täglich vier Stunden Arbeit (Umziehen, Saubermachen, Wäschewaschen, Aufhängen und In-den-Schrank-räumen), und auch die Energie- und CO_2-Bilanz stimmen am Ende, obwohl es sich um ein Einwegkleidungsstück handelt, da man ja weder Waschmittel noch Waschmaschine noch Wäschetrockner noch Wäscheständer benötigt.

Das Kind ist eingeschult oder Zeit des Verschwindens

Kinderverhör

Aktuell gibt es eine Serie, die heißt *The Americans*. Sie spielt in den Achtzigerjahren, als die Fronten noch klar waren. Es gibt Amerikaner, und es gibt Russen, und die jeweils eine Partei versucht die andere Partei zu besiegen. Die Russen planen geduldig und nachhaltig und bilden junge Männer und Frauen aus, die nach Amerika geschleust werden, um dort das perfekte Leben einer amerikanischen Familie zu leben. Erst nachdem sie völlig integriert sind, Kinder bekommen haben, Jobs nachgehen, mit den Nachbarn Grillfeste ausrichten, werden sie als Geheimagenten aktiv. Ich habe zwei Staffeln à vierzehn Folgen aufmerksam verfolgt. Ich kenne alle Verhörtechniken. Ich denke, ich würde eine sehr gute Geheimagentin abgeben. Perfekt integriert in die Gesellschaft, so wie die beiden Protagonisten von *The Americans*. Niemand würde je etwas bemerken. In der Zeit, in der mein Mann das Haus verlässt und bis ich die Kinder wieder vom Kindergarten und der Schule abhole, würde ich die unglaublichsten Geheimnisse aus anderen Menschen quetschen.

Dachte ich. Doch dann bin ich schon an (m)einem Schulkind kläglich gescheitert. Ich habe nämlich meist vergeblich versucht, zu erfahren, was das Kind eigentlich tagsüber so macht. Substantielles konnte ich jedoch nie aus ihm herausbekommen.

Eine prototypische Unterhaltung läuft in der Regel so ab: Ich hole das Kind von der Schule ab, und auf dem Weg nach

Hause stelle ich einige Fragen, weil ich mich dafür interessiere, was das Kind den ganzen Tag über erlebt hat. Immerhin waren wir acht Stunden getrennt. Als es noch in den Kindergarten ging, konnte ich mich bei den Erzieherinnen erkundigen oder habe zumindest den herumhängenden Zetteln die wichtigsten Informationen entnehmen können. Ich wusste dann beispielsweise, dass die Kinder im Theater waren und sich *Hänsel und Gretel* angeschaut haben. Paul, Isabelle und Trudi waren dabei. Zu Mittag gab es Kartoffelauflauf, und zum Vesper, das konnte ich dem verschmierten Gesicht entnehmen, gab es Erdbeerjogurt.

In der Schule ist das anders. Aus der Schule erfahre ich rein gar nichts. Höchstens mal durch Zufall von einer anderen Mutter, dass es zum Beispiel einen Sportwettbewerb gegeben hat:

Ich: »Na, wer ist Sieger beim Sportwettbewerb geworden?«

Kind 1: »Leider die 1c.«

Ich: »Oh, das tut mir leid. Was musste man denn eigentlich tun, um Sieger zu werden?«

Kind 1: »Die Klasse mit den meisten Medaillen ist Sieger geworden.«

Ich: »Hm, wie viele Medaillen habt ihr denn gewonnen?«

Kind 1: »Keine.«

Ich: »Und die andere Klasse, die nicht gewonnen hat?«

Kind 1: »Keine.«

Ich: »Aber ihr seid doch nur drei Klassen?«

Kind 1: »Ja.«

Ich: »Wenn du sagst, dass die mit den meisten Medaillen gewonnen hat, denke ich, dass es vielleicht auch noch andere – mit weniger Medaillen gab …«

Kind 1: »Gab's ja auch!«

Ich: »Ja? Wer denn?«

Kind 1: »Na der Thomas, zum Beispiel.«

Ich: »Und in welcher Klasse ist der nochmal? Ich erinnere mich leider nicht.«

Kind 1: »Bei uns in der Klasse.«

Ich: »Aber ich dachte, da hätte keiner eine Medaille gewonnen.«

Kind 1: »Der Thomas hat ja auch zwei gewonnen.«

Ich: »Ah. Gab's noch jemanden, der zwei gewonnen hat?«

Kind 1: »Ne. Keiner. Jedenfalls bei uns in der Klasse nicht.«

Ich: »Ich dachte, Thomas?«

Kind 1: »Ach so, der. Ja, der ist aber in der anderen Klasse.«

Ich: »Nicht bei euch?«

Kind 1: »Ne, sonst hätten wir ja gewonnen!«

Ich: »Man gewinnt mit zwei Medaillen?«

Kind 1: »Nein, man braucht schon drei oder vier. Hörst du mir denn gar nicht zu?«

Ich: »Doch, ich verstehe nur nicht, wie viele Medaillen jede Klasse hatte.«

Kind 1: »Na, die, die gewonnen haben, hatten die meisten, logisch, oder?«

Ich: »Ja, das habe ich verstanden. Aber hattet ihr denn jetzt Medaillen?«

Kind 1: »Mama! Das hast du doch schon gefragt: Nein! Außer Thomas eben.«

[… Dialog beliebig fortführbar …]

Es bleiben folgende Fragen: Nach welchen Kriterien wird eine Klasse Sieger des Sportwettbewerbs? Wie viele Klassen haben teilgenommen? Wie viele Medaillen hatte die Siegerklasse, und in welcher Klasse war Thomas?

Die Schulbrotchroniken

Seit einigen Jahren schon schmiere ich meinen Kindern Stullen für Kindergarten und Schule. Dabei ist es mir bislang nicht gelungen, zuverlässig vorherzusagen, wann eines der Kinder seine Brotdose vollständig leeren wird und wann nicht. Die Regeln des Verzehrs sind mir ein Rätsel. Und das, obwohl ich mir ein Büchlein zugelegt habe, in dem ich penibel notiere, was ich morgens in die Brotdose gepackt habe und was am Nachmittag dort noch zu finden ist. Selbst jahrelange Mitarbeit am psychologischen Forschungsinstitut meiner Universität sowie eine umfassende Ausbildung in Statistik halfen mir nicht weiter. Trotz akribischer Datenerhebung kann ich immer noch keine zuverlässige Vorhersage über die Verweigerung von Brotdoseninhalten treffen.

Am ersten Kindergartentag packte ich zwei Brote mit Salami in die Brotdose. Beide waren am Nachmittag aufgegessen. Also bekam das Kind am zweiten Tag erneut zwei Salamibrote mit. Als ich am Nachmittag in die Brotdose schaute, hatte das Kind nur einmal abgebissen. Eine Rückfrage ergab, es hätte nicht geschmeckt – was für mich aufgrund der identischen Zubereitung im Vergleich zum Vortag relativ unlogisch erschien. Was es denn in die Brotdose hineinhaben wolle? Serenity-Piper, das neue Kind in der Kita-Gruppe, hätte Sushi bekommen. Eine kleine Variation freilich nur, aber das könnte ich doch auch mal machen? Das könne nicht sein! Sushi müsse gekühlt werden, das würde doch sonst schlecht, hatte ich einzuwenden. Das würde wohl stimmen, war die Antwort, aber die Brotdose von Serenity-Piper besäße eine Kühlautomatik. Batteriebetrieben.

Da wir eine solche Dose nicht hatten, gab es am dritten Tag Salami-Sticks, ein paar Mozzarellabällchen am Spieß und ein gebuttertes Vollkornbrötchen. Das Kind aß das Vollkornbrötchen. Salami würde es nicht mögen, und den Mozzarella hätte ich nicht gewürzt – auch hätte ich vergessen, die Garnitur aus Basilikumblättern hinzuzufügen.

Für den nächsten Tag war ich relativ ratlos. Kind 1, der Internetrecherche schon lange mächtig, zog sich mit Kind 2 zurück. Anschließend wurde mir ein Link präsentiert, den die beiden zum Stichwort »Bento-Box« ausfindig gemacht hatten. Mir war Bento bis dahin kein Begriff. Also googelte auch ich. Bento kommt aus Japan und heißt zunächst lediglich, dass verschiedene Nahrungsmittel innerhalb einer Dose durch Schieber voneinander getrennt werden. Bentos werden zur Arbeit mitgegeben, auf Reisen verspeist und sind im Grunde nichts anderes als die deutschen Schulbrote. Man kann sie beim Bäcker und am Bahnhof kaufen. Wann Bento-Boxen zur Kunstform mutierten, habe ich nicht herausgefunden.

Etwas sprachlos betrachte ich die Bilder, die auf der Website, die mir die Kinder gezeigt hatten, zu sehen waren. Ich sah dort Pandabären und Häschen aus Reis, Obst und Gemüse. Nicht selten bestand eine einzige Bento-Box aus mehr als zwanzig Zutaten. Diese waren so filigran geschnitzt, dass es ganz sicher erforderlich war, spezielles Werkzeug zur Zubereitung der Speisen

Bierschinken-Sternchen garniert mit pflückfrischem Basilikum auf Senfcreme.

anzuschaffen. Offensichtlich bedarf es auch mehrerer Jahre Training, um zu solchen Ergebnissen zu kommen.

Die Kinder zeigten mir einen Kraken aus Fladenbrot, der auf einem Brokkoliriff saß. Um das Riff tummelten sich orangefarbene Möhrenfische, die sich in quergeschnittenen Minimaiskölbchen versteckten. Apfelschnitze rahmten das Kunstwerk, und als Nachtisch waren dunkle Wellen aus Blaubeeren zu sehen. Gegenüber lachte ein Rochen aus Zuckererbsenschoten.

Den Brokkoli könne ich weglassen. Die Äpfel natürlich auch, und na ja, so richtig lecker seien die Zuckererbsenschoten und der Mais auch nicht. Ich bastelte also einen Kraken aus Brotrinde.

Am Nachmittag saß der Kraken immer noch in der Brotdose. »Ich kann nichts mit Augen essen, Mama«, lautete die Erklärung. Ich setzte mich also erneut an den Computer und re-

Mutti-Bento

cherchierte zum Thema. Dabei fand ich heraus, dass es eine Unterart der Bento-Boxen gab, in der Brote lediglich ansprechender gestaltet wurden, indem man sie mit gängigen Plätzchenformen ausstanzte. Arme-Leute-Bento. Nach dem Abendbrot brachte ich die Kinder ins Bett, erledigte die Hausarbeit und absolvierte anschließend den Online-Kurs »Brote ausstanzen für Anfänger«, um perspektivisch gegen Ende des Jahres das große Bento-Box-Vordiplom zu machen. Ich erzeugte dabei ein Mini-Bierschinken-Sandwich, welches ich aufwändig dekorierte. Die Herstellung dieses ca. 1,5 x 1,5 cm großen Sandwiches hat circa 120 Minuten in Anspruch genommen. Ein bisschen schade ist, dass das Dekoschirmchen nicht in die Brotdose passt. Ich musste es für die Schule weglassen.

Am Ende beschäftigte mich die Frage, was nun mit den Resten passiert. Bei meiner Internetrecherche bin ich auf den Begriff »Hasenbrot« gestoßen. Hasenbrot, das sind die Brote, die die Kinder von der Schule wieder mit nach Hause bringen. Sie ergänzen die Ernährung der Eltern perfekt und dienen als Snack, der Eltern, die am Nachmittag nach vollendeter Erwerbstätigkeit die Kinder von Kindergarten und Schule abgeholt haben, stärkt. Sie geben Kraft, Hausarbeit, Abendbrot und Abendritual zu überstehen. Einen ähnlichen Zweck erfüllen die Bento-Box-Reste – allerdings mit dem kleinen Unterschied, dass sie den Frühstückspausensnack für Eltern darstellen.

Jetzt warte ich, ob das Kind zufrieden ist. Wenn nicht, trete ich der Schulbrotselbsthilfegruppe auf Facebook bei.

Wolfgang Petry und ich

Kaum sind die Kinder fremdbetreut, kann sich keine Familie mehr von bestimmten Trends abschotten. Waren es bei Kind 1 die »Bauer Räinscha« (es dauerte einige Zeit, bis wir herausfanden, dass es sich um die »Power Ranger« handelte …), so haben uns nun die Loom-Bänder erreicht. Immerhin erst nach Papst Franziskus, der sie, so las ich neulich in der Zeitung, ebenfalls trägt.

Loom-Bänder, das sind, falls jemand sie tatsächlich noch nicht kennen sollte, kleine bunte Gummibänder, die ungefähr einen Durchmesser von zwei Zentimetern haben. Erfunden wurden sie in Amerika von einem Maschinenbauer namens Cheong Choon Ng, der als Crashtest-Ingenieur bei einem japanischen Autohersteller nahe Detroit arbeitete. Er beobachtete seine Töchter Teresa und Michelle dabei, wie sie aus Haargummis Schmuckbänder herstellten. Als er ihnen dabei helfen wollte, musste er feststellen, dass seine Finger zu dick waren. Daraufhin entwickelte er einen kleinen Knüpfrahmen, auf den man die Gummis zu Bändern verarbeiten konnte. Das fertige Produkt nannte er Rainbow Loom. Knüpfrahmen und Gummibänder machten ihn zum Multimillionär.

Natürlich hat es nicht lange gedauert, bis der Trend des Gummifreundschaftsbändchens seinen Weg von Amerika nach Deutschland fand und auch in unserer Schule ankam.

Nachdem Kind 2 also mit einigen selbstgemachten Gummibändern nach Hause kam, leistete ich zunächst eine Woche symbolischen Widerstand, kaufte dann aber circa tausend bunte Gummis für die Kinder, um schließlich eine weitere Woche später selbst unzählige Armbänder zu besitzen. Wenn wir uns morgens fertig machen, lege ich die Armbänder an. Wenn ich die Kinder abgegeben habe, nehme ich sie wieder ab und verstaue sie in der Handtasche, um sie pünktlich um 16 Uhr beim Abholen wieder zu tragen. Mein Herz ist so weich. Ich kann den Kindern einfach nicht sagen, dass ich die Bänder hässlich finde. Ich bin einfach nicht »Wolle« Wolfgang Petry. Dafür fehlt es mir offenbar an Mut.

Was ich aber weiß, ist – ich bin nicht alleine. Im Internet stoße ich auf viele Betroffene. Eigentlich genug, um eine Selbsthilfegruppe loomgeschädigter Erwachsener zu gründen. Dachte ich zunächst. Aber dann machte ich eine sensationelle Entdeckung. Dazu muss ich allerdings noch eine kurze Geschichte einschieben. In unserem Sack mit den tausend Gummis war eine Beschreibung für einfache Bänder, doppelte Bänder, Blütenbänder und doppelte Blütenbänder. Ein Blick auf die Arme anderer Eltern zeigte jedoch, dass es eine bestimmte Technik geben musste, wie man die Gummis ganz eng aneinanderreiht, und so dauerte es nicht lange, bis wir in die YouTube-Loom-Tutorial-Hölle gerieten.

Die Suchanfrage »Loom Band Tutorial« spuckt circa 20 000 passende Videos aus.

Wir schauten also zu, wie man von Hand die sogenannte Fischgrättechnik umsetzt, wie man Blümchen knüddelt, wie man Leiterarmbänder und wie man Raupenarmbänder loomt. Zu guter Letzt bestand Kind 3 darauf, ein Tutorial anzuschauen, das demonstriert, wie man einen Minion loomt.

Ich bin vor Langeweile fast gestorben, aber die Kinder haben dieses Video, ohne einen Mucks von sich zu geben, ZWANZIG Minuten lang angeschaut. Und im Anschluss passierte etwas sehr, sehr Seltsames. Kind 2 und 3 nahmen die Gummis zur Hand und begannen alles, was sie vorher gesehen hatten, aus dem Kopf und in einem irrwitzigen Eifer umzusetzen. Es war unfassbar. Ich war fasziniert. Einem Kindergartenkind hätte ich gar nicht zugetraut, so viel feinmotorisches Geschick aufzubringen. Auch die Gedächtnisleistung war phänomenal. In der Regel fokussiert Kind 3 höchstens vierzig Sekunden die Aufmerksamkeit, bis es etwas anderes, Interessanteres bemerkt.

Wir schauten uns ein weiteres Tutorial an, und auch das wurde sofort umgesetzt. Noch eins und noch eins und noch eins, und zehn Armbänder später, als es schon dämmerte, kam ich auf die Idee, den Kindern auch andere Tutorials zu zeigen. Wie man Bücher für die Schule einbindet, wie man Schuhe putzt, wie man Spannbetttücher ordentlich zusammenlegt. Es war in der Zwischenzeit fast Mitternacht, aber die Kinder konnten nicht genug bekommen. Ich schrieb mir derweil die Themen auf und notierte die Länge der Videos sowie andere Parameter wie etwa, ob ein Erwachsener oder ein Kind das Tutorial erstellt hatte, ob eine Frau oder ein Mann sprach, oder ob es mit Musik untermalt war oder nicht. Danach vermerkte ich auf einem weiteren Zettel, wie spontan und dann wie zügig die Kinder das Gesehene umsetzten. Im Morgengrauen fielen die Kinder erschöpft auf die eingebundenen Bücher, den Berg glänzender Schuhe und die gefalteten Betttücher, und ich konnte meine Daten geschwind in einer multivariaten Varianzanalyse auswerten.

Dabei erhielt ich folgendes Ergebnis: Am schnellsten und effizientesten werden Anleitungen umgesetzt, die:

in der Muttersprache
von einem etwa gleichaltrigen Kind
in unter fünf Minuten
ohne Musikuntermalung
erstellt wurden. Und zwar UNABHÄNGIG VOM THEMA!

Das eröffnete wirklich ganz neue Perspektiven. Ich habe anschließend in einer akribischen Recherche herausgefunden, dass es in Sachen Tutorials einige thematische Lücken gibt. Nichts gefunden habe ich zu:

wie ich das Kinderzimmer hübsch aufräume
wie ich Wäsche wasche und ordentlich aufhänge
wie ich meinen Eltern den Frühstückstisch decke
wie ich Mami die Füße massiere

Sofern ihr also Kinder habt, wie wäre es, wenn ihr sie entsprechende Videoanleitungen erstellen lasst? Das ist im Übrigen auch eine hervorragende Altersvorsorge. Es gibt nicht wenige Loom-Tutorials, die mehrere Millionen (!) Male abgerufen wurden. Stellt euch die Werbeeinnahmen vor, wenn ihr wirklich nützliche Videos ins Netz stellt. Videos, von denen ALLE Eltern, unabhängig von ihrer Medienaffinität, wollen, dass die Kinder sie sehen und nachahmen. Ich selbst kann sie leider nicht erstellen, ich möchte ja, dass meine Kinder sie anschauen und umsetzen.

Ich habe fertig

Das zweite Kind wird eingeschult, und somit treten wir ein in eine neue Ära der Informationslosigkeit. Im Gegensatz zu Kind 1 war Kind 2 schon immer enthusiastisch selbständig. Das führte im Vorfeld der Einschulung unter anderem dazu, dass wir intensive Diskussionen führten, ob es wirklich nötig sei, Kind 2 zur Einschulungszeremonie zu begleiten. Da unsere Argumente nicht zählten, blieb es am Ende bei einem freundlichen: »WIR KOMMEN MIT, UND BASTA!«

Am ersten echten Schultag dann war Kind 2 ziemlich genervt, als wir es erneut begleiten wollten. Es wimmelte uns am Schultor ab: »Bitte, das ist doch voll peinlich, geht bitte einfach weiter!«

Mit zitternder Unterlippe und einem schüchternen Winken ließen wir das Kind ziehen. Es drehte sich kein einziges Mal um.

Am Nachmittag dann strömten die anderen Mütter an mir vorbei in die Schule. Ich stand hinter einem Baum versteckt am Eingang, als das Kind zur verabredeten Uhrzeit erschien. »Hallo Mama.« – »Hallo Kind, na, wie war's?« (Ich hatte den ganzen Tag während der Arbeit Probleme gehabt, mich zu konzentrieren. Mein Kind! Mein Baby! Mein Schnuffelchen! In der Schule! So groß! Die Zeit etc.)

Kind 2: »Gut.«

Wir liefen ein Stück weiter. Ich wollte abwarten, ob es von selbst was erzählen würde. Ich räusperte mich.

Ich: »Erzähl doch mal!«

Kind 2: »Was denn, Mama?«

Ich: »Na, wie war's in der Schule? Wie ist die Lehrerin? Die Erzieherin? Wie läuft das mit dem Essen? Hast du dein Essen gegessen, Kind?«

Genervter Blick.

Kind 2: »Hab ich, Mama. Sollte ich doch auch.«

Ich: »Ja, hm, schön! Und die anderen Kinder?«

Kind 2: »Die waren auch da.«

Ich: »Sind die denn nett?«

Kind 2: »Ja.«

Ich: »Hast du schon eine Freundin oder einen Freund?«

Kind 2: »MAMA, ich bin erst einen Tag in der Schule, so schnell befreundet man sich nicht.«

Ich: »Verstehe. Und das Essen?«

Das Kind geht ein paar Schritte schneller. Ich laufe hinterher. Auf einer Bank sitzen zwei Mädchen. Sie rufen: »Hallo Kind 2!«

Meine Chance auf mehr Informationen!

Ich: »Na? Seid ihr in einer Klasse?«

Drei entsetzte Augenpaare starren mich an.

Kind 2: »MAMA, die sind in der VIERTEN!«

Ich: »Oh, ich äh ja, ich ähm wollte schon fragen, warum ihr so groß seid.«

Ich laufe weiter. Hinter mir entschuldigt sich Kind 2 für mein Verhalten.

Zuhause legt es die Brotdose und die Trinkflasche auf die Spüle und packt für den nächsten Tag Hausschuhe, die es für den Hort braucht, in den Schulranzen.

Die Erziehung ist hiermit abgeschlossen, würde ich sagen. Ich kann nur hoffen, dass das Kind bald anfängt zu bloggen oder vielleicht einen eigenen YouTube-Kanal startet. Dann würde ich wenigstens noch einige wenige private Details aus seinem Leben jenseits der gemeinsamen Zeit mitbekommen.

Erziehen heißt dranbleiben

Bevor ich Kinder hatte, war ich der festen Überzeugung, dass es Mittel und Wege gäbe, sie zu erziehen. Etwas mehr als zehn Jahre später weiß ich: Das ist totaler Quatsch.

Nehmen wir das Beispiel Hygieneerziehung und hier die vergleichsweise einfache Aufgabe: Händewaschen.

Als ich Kind 1 kennenlernte, dachte ich, es genüge, ein gutes Vorbild zu sein. Vor dem Essen rief ich voller Elan: »Hände waaaschen!«, sprang auf und wusch mir die Hände. Kind 1 schaute nicht mal in meine Richtung. Kann ja nicht alles sofort klappen, beruhigte ich mich und wiederholte mein Ritual täglich mehrere Male, vierzehn Tage lang.

42 Versuche später variierte ich mein Vorgehen: »Hääände waaaschen! Wer kooommt mit?«

Keine Reaktion von Kind 1.

Weitere 50 Male später: »Komm, Kind 1, wir gehen Hände waschen.«

Murren.

431 Male später war immer noch keine Eigenmotivation zu erkennen.

(Ich sollte dazusagen, dass Kind 1 beinahe drei Jahre alt war, als ich es kennenlernte. Nicht dass jemand denkt, ich hätte von einem Säugling verlangt, Hände zu waschen.)

Gut, dachte ich. Dann die Sache mit der Vernunft.

»Schau, Kind 1, Händewaschen ist wichtig, weil [kindgerechter Vortrag über die Verbreitung von Krankheitserregern, die Errungenschaften Alexander Flemings und über die Berechtigung des Robert-Koch-Instituts].«

Keine Reaktion. Auch mehrmaliges An-die-Vernunft-Appellieren blieb erfolglos.

Als findige Psychologin entwickelte ich ein Bonussystem. Selbständiges Händewaschen vor dem Essen = 2 Punkte; selbständiges Händewaschen nach dem Toilettengang = 3 Punkte. Händewaschen nach Aufforderung = 1 Punkt. Alle 10 Punkte = 1 Eis.

Auch ein Jahr später hatte das Kind noch kein Eis zusammen.

Okay, okay, okay. In der Zwischenzeit las ich Jesper Juuls *Das kompetente Kind* und lernte, Kinder wollen kooperieren. Das bestehende Bonussystem war somit tödlich für die Motivation. Die Sache musste umgedreht werden. Man unterstellt dem Kind Gutes und zieht für den unwahrscheinlichen Fall, dass das Kind doch nicht kooperieren möchte, Punkte ab.

Jede Woche erhielt das Kind 100 Punkte, die es in der darauffolgenden Woche einlösen könnte. Vergessenes Händewaschen = -2 Punkte. Händewaschen nach Aufforderung verweigern = -1 Punkt.

Am Ende der Woche hatte das Kind -345 Punkte.

Gut, gut. Schulz von Thun also. Ich betonte bei unserer Kommunikation nicht mehr die Sachebene (Bakterien, Hygiene) und nicht die Appellebene (»Tu es doch endlich!!!«), sondern versteifte mich auf die emotionale Ebene (»Mami wäre wirklich sehr glücklich, wenn du die Hände waschen würdest!«).

Auch das prallte an Kind 1 ab.

So vergingen die Jahre.

Ich: »Hast du Hände gewaschen?«

Kind 1: »Ja!«

Ich: »Wie kannst du das ohne Wasser? Ich habe das Waschbecken kontrolliert.«

Kind 1: »Grummelmurmel.«

...

Ich: »Hände gewaschen?«
Kind 1: »Vergessen!«
Ich: »HÄNDEWASCHEN!«

———

...

Ich habe alles versucht. Ich habe Kind 1 zum Einschlafen sogar 365 Tage lang hintereinander das Video der Kampagne *Wir gegen Viren* des Robert-Koch-Instituts gezeigt. Erfolglos.

Kein Bitten, kein Erklären, kein Betteln, kein Flehen. Nichts half. NICHTS. Kind 1 wusch sich grundsätzlich nie die Hände. Niemals. Ich war verzweifelt.

Es half kein Schreien, kein Drohen, kein Weinen, kein Auf-dem-Boden-Wälzen, kein Kopf-auf-den-Tisch-Schlagen (meinen!), keine Bestechungsversuche.

Kind 1 war handwaschresistent.

2009, als die Schweinegrippe grassierte, hat es, glaube ich, drei Mal Hände gewaschen. Das war's aber schon.

Jetzt ist das Kind bald ein Teenager, und ich hatte schon jede Hoffnung aufgegeben. Nur der abendliche Konsum der altgriechischen Heldensagen hielt in mir die Hoffnung wach, dass ich eines Tages einen Angriffspunkt in Sachen Erziehung finden würde. Und tatsächlich. Auch unser Achilleus war verletzlich. Er musste nur zu einem Jüngling heranreifen, damit sich mir seine Schwäche offenbarte.

Die Schwäche hieß Mädchen. Kind 1 hasst Mädchen. Sogar die Farbe Rosa, die er mit dem weiblichen Geschlecht assoziiert, empfindet es als bedrohlich. Wenn es zu lange etwas Rosafarbenes betrachten muss, sucht es einen blauen Gegenstand und lädt sich an ihm wieder auf.

Just als ich diese Erkenntnis hatte, zog gegenüber ein leicht pubertierendes Mädchen ein. Sie schminkte sich schon, und sie liebte Rosa. Ein Geschenk des Himmels. Sie wirkte auf mich wie ein von Gott höchstpersönlich gesandter rosafarbener Bote, wenn sie vom Flurlicht angestrahlt in unserem Wohnungsdurchgang stand und große rosafarbene Kaugummiblasen blies, während sie sich ihre rosaglitzernden Sneaker abtrat.

Ich hörte sie durch die geschlossene Wohnungstür kichern, und wenn ich morgens durch den Spion lugte, sah ich oft, wie sie sich pinkglänzenden Lipgloss auftrug, bevor sie zur Schule ging.

Dieses Mädchen war das Beste, das mir erziehungstechnisch je passiert ist. Ich traf mit ihr eine zugegebenermaßen nicht ganz billige Vereinbarung.

Das nächste Mal, als Kind 1 verweigerte, die Hände zu waschen, zog ich meinen Joker: »Wenn du nicht die Hände wäschst, hole ich das Nachbarsmädchen, und es umarmt dich.«

Ungläubiges Gelächter.

Ich ging rüber und klingelte. Das Mädchen kam raus, trug sich lächelnd den Lipgloss auf und sagte: »Kind 1, ich möchte dich umarmen.«

Kind 1 wechselte die Gesichtsfarbe.

Das Mädchen presste Ober- und Unterlippe aufeinander, um den Gloss besser zu verteilen. »Vielleicht will ich dich auch küssen.«

Kind 1 begann zu zittern.

Seit diesem Tag haben wir kein Problem* mehr.

Großwerden

Kaum ward das erste Kind geboren, häuften sich in meinem Umfeld die aufmunternden Worte: »Das erste halbe Jahr, das ist der Horror.« Das erste halbe Jahr kam und ging, und nichts passierte. »Warte nur, bis die Zähne kommen! Ein Albtraum!« Die Zähne kamen, und nichts passierte. »Wenn die mobil werden! Stress ohne Ende.« Nichts passierte. »Die Trotzphase!« Nichts!

So zogen die Jahre ins Land, und die Warnungen ebbten ab.

Völlig zu Unrecht! Denn heute frage ich mich: Warum warnt einen eigentlich niemand vor den großen Kindern? Sie können laufen, sprechen, sich selbst mit Essen versorgen, Handys bedienen, selbständig an Dinge denken … jedenfalls theoretisch. Theoretisch erreichen Kinder relativ schnell ein Alter, in dem sie verhältnismäßig eigenständig existieren könnten, und es war durchaus mein Wunsch, eigenständige Kinder zu haben. Im Mittelalter waren Kinder mit acht Jahren beinahe fertige Menschen. Ab da waren sie in der Regel mehr oder weniger auf sich alleine gestellt. Ja, ganz zu Beginn der kindlichen Entwicklung erliegt man sogar der Fehleinschätzung, Kinder WOLLEN selbständig sein und alles alleine machen. Doch vom Eifer des Vorschülers ist nach nur wenigen Jahren nichts mehr übrig.

So steht Kind 1 zum Beispiel heute Morgen in der Küche und trägt einen Pullover, den es schon am Sonntag, Samstag, Freitag, Donnerstag und Mittwoch anhatte. Weiter erinnere ich mich

---

* Mit dem Händewaschen. Siehe auch »Großwerden«.

nicht zurück. Ich vermute aber, dass es das Kleidungsstück auch schon am Dienstag und Montag trug.

Am Montagmorgen möchte man nicht gleich schlechte Stimmung säen, also frage ich [scheinheilig]: »Ach, hattest du den Pullover nicht schon gestern an?« – »Nein, da irrst du dich, gestern hatte ich einen Pullover an, der sieht so ähnlich aus. Er hat keinen Aufdruck und dafür eine Kapuze, er ist rot und nicht blau, aber nein, DIESEN hatte ich nicht an.« – »Weißt du«, informiere ich das Kind, »ich bin weder blöd noch farbenblind,

und deswegen denke ich, du solltest jetzt zurück ins Zimmer gehen und dich umziehen …«

Das Kind, außer sich vor Wut, trampelt ins Zimmer zurück. Wir würden es auch immer wieder zum Duschen zwingen! Wir seien sowas von streng! Auch das Wechseln der Socken forderten wir regelmäßig ein! Wie es dadurch unter Druck gesetzt würde, darüber machten wir uns wahrscheinlich nie Gedanken! Vom Händewaschen und anderen abstrusen Forderungen gar nicht zu sprechen! Zähneputzen sogar mehrmals täglich! Die Kinderhotline würde es anrufen, wenn es so weiterginge mit uns Despoten!!!

Da bin ich nochmal in mich gegangen und habe die Menschen in meiner Umgebung geprüft. Tatsächlich wechseln gut achtzig Prozent relativ regelmäßig ihre Kleidung, und nur wenige müffeln. Ein Großteil hat mit fünfunddreißig noch alle Zähne, und recht viele haben einen stattlichen Beruf. Ich entschließe mich, eine Versuchsreihe unter meinen Kindern zu starten. Das erste Kind werde ich jetzt einfach nicht mehr ermahnen (zumal ich bereits die Erfahrung gemacht habe, dass alles Meckern völlig ohne Effekt bleibt). Das zweite ständig. Das dritte intermittierend. Wollen wir doch mal sehen, welches dann das beste und klügste wird!

Schulkinder und schwarze Löcher

Annette hatte vermutlich die allerbesten Eltern der Schule – vermutlich der ganzen Stadt. Annette hatte nämlich Marmeladentoastbrote in ihrer Brotbüchse, auf der Sarah-Kay-Mädchen abgebildet waren. Meine Eltern hatten mich nicht so lieb. Meine Brote waren in Brotpapier eingeschlagen, und ich hatte meistens Thunfischcreme drauf.

Heute in circa dreißig Jahren wird Kind 1 vermutlich etwas Ähnliches in irgendeinem ultramodernen Cybernet posten. Denn wir schlagen seine Brote auch nur in Butterbrotpapier ein. Was anderes können wir uns einfach nicht mehr leisten. Zur Einschulung hatte Kind 1 natürlich noch eine Brotdose. Eine wunderschöne aus Metall. Sie glänzte dunkelblau wie der Nachthimmel, und auf ihr waren die Planeten unseres Sonnensystems abgebildet. Sie hatte zwei Kompartimente. Auf eine Seite packten wir das liebevoll belegte Schulbrot, auf die andere einen kleinen, gesunden Snack.

Am Abend des dritten Schultages war die Brotdose verschwunden. Wahrscheinlich ein ekeliger Neider, der dem armen Kind die Dose gestohlen hatte, dachten wir und kauften eine neue. Dieselbe, damit das Kind nicht traurig sein müsste. Was sind schon 25 Euro, wenn es um das Lebensglück des Kindes geht?

In der zweiten Schulwoche war auch diese Brotdose weg. Futsch. Nicht zu finden. Wir kauften billigeren Ersatz. Zwei Wochen später: weg. Wir kauften eine neue. (…)

Die Abstände wurden länger, aber im ersten Schuljahr hat Kind 1 sieben Brotdosen verloren. Die Anzahl der Brotdosen mit unbekanntem Verbleib verdoppelte sich im zweiten Schuljahr. Bis zum fünften Schuljahr stieg die Zahl exponentiell weiter. Selbst als wir die Brotdosen bei Billigdiscountern gekauft haben, hatten wir noch ein Defizit von 56 765 Euro zu verbuchen. Plus 75 976 Euro für die verschwundenen Trinkflaschen – die Sportsachen jetzt mal außen vor gelassen. Und von den Schulmaterialien sprechen wir an dieser Stelle mal gar nicht.

Langer Rede kurzer Sinn – deswegen schlagen wir die »Brote« in Butterbrotpapier ein, und das Kind bekommt Pfandflaschen mit, die wir in regelmäßigen Abständen austauschen.

Ich schreibe Brote in Anführungszeichen, weil Kind 1 schon lange keine echten Brote mehr bekommt. Wir packen ihm Pressspanplatten ein. Die mühevoll geschmierten Brote hat es nämlich immer weggeworfen – egal was drauf war. Ihm nichts mitzugeben erschien uns aber lieblos. Also haben wir uns entschieden, Holzstücke in Brotpapier zu verpacken.

Wenn man von den vergessenen Jacken, Helmen, Schlüsseln und Handys absieht, spart das eine Menge Ärger.

Survival of the Fittest

Das ganze Jahr über erzieht man die Kinder. Macht Vorgaben, gibt Richtlinien, korrigiert und ermahnt. Natürlich alles in bester Absicht. Doch der sprichwörtlich Bewanderte weiß, der Weg zur Hölle ist mit guten Vorsätzen gepflastert.

Deswegen sind Ausnahmen wichtig. Einmal im Jahr zum Beispiel darf Kind 1 einen Film mit uns ansehen. Um die Seltenheit dieses Ereignisses wissend, verbringt es ein gutes Quartal mit der Filmauswahl, entscheidet sich dann spontan für eine aktuelle DVD und schafft damit eine nicht zu unterschätzende Herausforderung für die Eltern. Denn aktuelle Filme sind eigentlich immer ausgeliehen und lassen sich leider auch nicht reservieren. Dieses Jahr sollte es *Ratatouille* sein.

Im Bemühen, dem Kind seinen Wunsch trotzdem zu erfüllen, klemme ich mir im Morgengrauen des erwählten Tages meinen Schlafsack unter den Arm, befülle die Thermoskanne mit Espresso und mache mich auf zur Videothek. Dort lege ich mich vor den Eingang und drücke mir die Nase an der Scheibe platt. Mir tränen die Augen, und ich habe Schmerzen, aber mir gelingt es schließlich, ganz hinten im Laden ein einziges Ausleihkärtchen für *Ratatouille* zu erspähen.

Es ist 5 Uhr morgens, und die letzten Jugendlichen finden ihren Weg von einem anstrengenden Ausgehabend nach Hause. Mitleidig schauen sie mich an, und gelegentlich wirft einer eine Münze in den leeren Becher meiner Thermoskanne vor mir.

Noch sechs Stunden, bis die Videothek öffnet. Doch ich werde den Film mit nach Hause bringen, das Kind wird glücklich sein, es wird dankbar sein, es wird ab da tun, was wir verlangen, es wird nie mehr widersprechen, es wird uns lieben, unsere Opfer zu schätzen wissen ... doch halt! Dankbarkeit bei einem Kind? Ich muss eingeschlafen sein. Benommen reibe ich meine Augen und stelle fest, die Tür vor mir ist geöffnet. Gerade übersteigt mich ein circa zwei Meter großer Kerl und peilt genau das Regal an, in dem die von mir begehrte Ausleihkarte steckt.

Ich robbe im Schlafsack so schnell ich kann in den Laden. Indem ich mich um die eigene Achse rolle, erhöhe ich die Geschwindigkeit. 5 km/h, 10 km/h, 15 km/h. Endlich schnell genug, um dem Mann die Füße unter den Beinen wegzukegeln. Während er unsanft zur Seite kippt, streife ich den Schlafsack ab und hechte an seine Hand. Noch hält er die Karte fest umschlossen, doch als ich ihm reinbeiße, kann er nicht mehr standhalten. Die Karte segelt zu Boden, ich fange sie auf und eile zur Ausleihe.

Der Typ ist mit dem Kopf an den überdimensionierten Spiderman gefallen, der in der Ecke des Raumes den Film bewirbt. Tut mir ja auch leid, aber bestimmt braucht er den Film nicht so nötig wie ich.

Also eile ich mit der DVD nach Hause, wo Kind 1 gespannt wartet.

Während der Film läuft, hole ich uns Erfrischungsgetränke und Snacks aus der Küche, als mein Blick zum Fenster des Hinterhofs schweift. Dort sehe ich gegenüber, eine Etage unter uns, just den Koloss von eben, wie er mit hängenden Schultern zwischen vier weinenden Kindern steht.

Fast überkommt mich Mitleid, doch dann lasse ich das Rollo runter. Wäre er eben früher aufgestanden. Das Leben ist kein Ponyhof.

Kindermund

Samstag, 8 Uhr. Kind 1 kommt in die Küche und fragt, ob es Tisch decken soll. Es wirkt verstört. Ich frage: »Was ist denn los mit dir?« Kind: »Mein Akku vom Handy ist leer.«

WLAN ausstellen, bis sechzig zählen und von Kind 1 hören: »Ich geh dann mal draußen spielen!«

Kind 1: »Warum räumst du nur die eine Zimmerecke auf? Skypen wir gleich mit deiner Mutter?«

Kind 1: »Soll ich den Müll runterbringen?«
    Ungläubige Stille.
    Kind 1: »Okay, war 'n Witz. Ich wollte nur mal eure Gesichter sehen ...«

Will Kind 1 die wichtigsten Neuigkeiten aus meinem Leben berichten.
    Kind 1: »Mann, ich folge dir doch auf Twitter. Hab ich alles schon gelesen.«

Ich habe Anweisungen für die Zubereitung des Schulbrots erhalten.
    Kind 2: »Ich will deine Gefühle nicht verletzen, Mama, aber vom letzten musste ich fast brechen.«

Kind 2 sieht eine Schildkröte: »Guck mal, Mama, die lächelt wie du!«

Kind 2: »Würdest du bitte erst meinen Argumenten folgen, bevor du widersprichst, Mama?«

Kind 2 zu Junge: »Ich bin ein Fräulein, du ein Herrlein.«
   »Ne! Ein HERR!«
   »Okay, dann bist du ein Herr und ich eine HERRIN!«

Ich: »Oh! Jemand hat die Welt weiß gezaubert!«
   Kind 2: »Orrr! Mama! Es hat nur geschneit!«

Kind 2 lässt einen offenen Joghurt fallen: »Willst du daraus was fürs Blog machen, oder soll ich das aufwischen?«

Kind 2 zu mir: »Entschuldigung, Mama – aber du drückst dich oft zu unpräzise aus.«

Manche Gene überspringen eine Generation. Kind 2: »Mama, soll ich dein Bett machen? Da wäre dein Leben doch schöner, oder?«

Kind 2: »Gib mir das!« Anderer Mensch: »Wie heißt das Zauberwort?« Kind 2 überlegt intensiv: »Abrakadabra!«

Kind 2 ist so ehrlich. Ich: »Warum HAST DU DAS GEMACHT?«
   Kind 2: »Weil ich es wollte, Mama.«

Ich kann mir lebhaft vorstellen, was Kind 2 irgendwann über seine Kindheit zu erzählen hat:

Ich: »Was möchtest du frühstücken?«
Kind 2: »Ein Glas Wasser und eine Scheibe Brot, bitte.«

Kind 2 sitzt mit Fingern in den Ohren im Kinderzimmer.
Kind 3 fragt: »Was machst du da?«
Kind 2: »Menschen ignorieren. Mama sagt, davon gehen die Probleme weg.«

Neue Welten dank Lesefähigkeit. Kind 2 isst ein KitKat und liest: »KitKat Mini.«
Zwei Minuten später: »Moment mal, die gibt's auch in groß???«

Im dunklen Flur begegnet mir Kind 2: »Es wäre schön, wenn mich ab morgen ein Computer weckt, Mama. Das vertrage ich besser als deine Stimme.«

Kind 2 schleppt sich mit letzter Kraft vom Spielplatz nach Hause: »Mama, jetzt musst du ran, MEINE Magie ist für heute verbraucht.«

Kind 3 hat einen sehr speziellen Humor: »Isch bin nisch laut, isch bin deutlisch!«

Fürs Protokoll: Kind 3 hat heute Nacht MEIN Bett verlassen, weil ich zu unruhig schlafe. (Bin jetzt die Chuck Norris unter den Schläfern.)

Kind 3 zur Erzieherin: »Mama war zu spät. Da habe isch ein ungesundes Croissant bekommen. Macht aber nix. Erwachsene sind auch nur Menschen.«

Kind 3 gut gelaunt zur Bäckerin: »Du musst stürben!«
Die Bäckerin ist sprachlos und geschockt.
Kind 3: »So ist das Leben eben. Einen Pfannkuchen, bitte.«

Kind 3 schaut mir beim Wimperntuschen zu: »Mama, isch find disch auch ohne Schinken im Gesischt schön.«

Fremdes Kind: »Was essen Flamingos?«
Kind 3: »Rote Krebse.«
Fremdes Kind: »Wo finden die die?«
Kind 3: »Die bestellen die im Internet, glaub isch.«

Fremdes Kind wirft sich schreiend auf den Boden. Wir laufen vorbei.
Kind 3: »Guck mal, Mama. Die andere Mama ist so anstrengend wie du.«

Kind 3 fragt, ob ich mich beim Urknall dolle erschreckt hab.

Kind 3 bei Fremden zu Besuch: »Darf isch bitte die Türe knallen? Isch weiß noch nisch, wie man Klinken benutzt.«

Kind 3 ist selbst krank vielseitig interessiert: »Welsche Farbe kotz isch, wenn isch das esse?«

Kind 3: »Mama, wie heißt du eigentlisch mit Vornamen?«

5.30 Uhr. Kind 3: »Isch will Honischbrot!«
Ich: »Es gibt jetzt kein süßes Frühstück.«
Kind 3: »Isch verspresche, das schmeckt mir nisch süß! Ehrlisch!«

Kind 3: »Kannsch selba fragen?«
    Ich: »Ja, aber höflich und laut und deutlich bitte.«
    Kind 3: »WO IS HIER DIE KACKSTELLE, BITTE SEHR?«

Kind 3: »Wollen wir Dinosaurier spielen?«
    Ich: »Ich wäre lieber was Niedliches, Kleines.«
    Kind 3: »Okay, dann kannst du mein Futter sein.«

Kind 3 über seine Atemwolken in der Kälte: »Mama, guck mal, wie heiß mein Gehürn ist!!!«

Kind 3 bei der U-Untersuchung. Ärztin: »Na, was ist das?«
    Kind 3: »Ein Bär.«
    Ärztin: »Aber schau mal, der lange Rüssel. Was ist das?«
    Kind 3: »Ein Bär mit langem Rüssel?«

Eklat am Frühstückstisch. Kind 3: »JAHAAA! Wir sind nämlisch gar nischt so niedlisch, wie du gedenkt hast!«

Dank

Die hier gesammelten Geschichten stammen alle aus meinem Blog *dasnuf.de*, das zum heutigen Tag 2048 Artikel umfasst. Ein Blog ist, wenn man es sehr einfach erklären will, ein Internettagebuch, und so kommt es, dass meine Kinder und mein Leben mit den Kindern in meinem Blog eine nicht unwesentliche Rolle spielen. Durch das Bloggen habe ich viele wunderbare Erfahrungen gemacht, und ich kann nur jedem empfehlen, selbst zu bloggen.

Mein Dank geht in allererster Linie an alle meine LeserInnen. Als ich 2004 mit dem Bloggen begonnen habe, hatte ich zwischen drei und fünf regelmäßige LeserInnen. In der Zwischenzeit wird mein Blog mehr als 100 000 Mal im Monat aufgerufen. Viele Ideen zu Geschichten sind überhaupt erst durch die Interaktion mit meinen LeserInnen entstanden. Manchmal sind die Kommentare sogar noch lustiger als die Artikel. Für das Buch habe ich versucht, einige Ideen aufzugreifen und in die Geschichten einzuarbeiten. Ich kann nicht alle namentlich nennen – vielmehr habe ich sogar Angst, jemanden zu vergessen. Deswegen, liebe Eltern(bloggerInnen) und KommentatorInnen, fühlt euch angesprochen: Ich danke euch von Herzen.

Mein größter Dank aber geht an meine Familie. Der Kindesvater und die Kinder haben das Buch schließlich erst möglich gemacht. Mit dem Blog hat sich im Laufe der Zeit ein Archiv an Geschichten angesammelt, die unsere gemeinsamen Erlebnisse grob schildern. Viele schöne Erinnerungen, angereichert mit frei erfundenen Details, die mindestens rückblickend eine wunderbare Zeit dokumentieren. Ich nenne die Kinder nicht beim Namen, weil ich denke, dass sie Privatsphäre verdient haben. Die Kinder im Blog sind außerdem keine Eins-zu-eins-Darstellungen der realen Kinder. Sie entspringen vielmehr meiner Wahrnehmung und meiner lebhaften Fantasie. Sie sind Projektionsflächen für prototypische Elternerfahrungen.

Eines jedoch ist sicher: Liebes Kind 1, wenn ich dich nicht kennengelernt hätte, gäbe es Kind 2 und Kind 3 nicht. Und ohne Kinder kein Blog und ohne Blog kein Buch. Ich hoffe, dass du mit dem Buch in der Hand jetzt ein bisschen besser angeben kannst als nur mit dem Satz: »Meine Stiefmutter ist eine bekannte Bloggerin.«

Ganz am Ende möchte ich meinem ersten Fan Malik danken. Er rutschte mir schon 2005 auf Knien entgegen und war immer ohne Zweifel, dass es eines Tages ein Buch geben würde. Malik, du hast Recht gehabt! Und demjenigen, der mir mal gesagt hat: Das interessiert doch niemanden, es sei denn, du bist Harald Schmidt oder so, möchte ich sagen: ätsch, eben doch!